JN213634

すべては「旅」からはじまった

世界を回って辿り着いた豊かなローコストライフ

森翔吾

KADOKAWA

はじめに

正直に言うと、不安だった。

この本の執筆依頼が来たとき、何を書けばいいのか、人を魅了できる内容に仕上がるのか、そもそも誰かが読んでくれるのか……。

いくつもの不安が頭をよぎり、断ろうかとも思った。でも、担当者の誠実さと情熱に触れ、「やってみようかな」と思うようになった。

実際に書き始めてみると、スラスラとは進まなかった。「やっぱり無理だ」と思い、途中で断ろうかと考えたこともあった。それでも書き続けられたのは、担当者の支えと、これまで出会った人たちの存在があったからだ。

振り返ると、会社を辞めたとき、起業したとき、ロシアへ移住したとき、常に不安とプレッシャーに押し潰されそうだった。でも、そんなとき、必ず誰かが手を差し伸べてくれた。友だち、仕事仲間、両親、家族、そして妻。一人なら不安に負け、失敗していたと思う。

不安があったからこそ、今の自分がいる。その不安を乗り越えるために、周りの人たちの力がどれほど大きかったか、忘れることはない。その支えがあったからこそ、僕は「旅」にも踏み出せた。そして、旅が与えてくれたものは計り知れない。

「旅」は、ただの移動や観光ではない。見知らぬ土地で人々と出会い、予測できない出来事に直面することで、僕は視野を広げ、世界を感じてきた。心が閉じていたとき、旅で触れた無限の可能性が、次の一歩を後押ししてくれた。

旅先で見た朝焼け、出会った人々の温かさ、異国で感じた孤独。それらは僕を成長させる大切な要素だった。

未知の場所に足を踏み入れることで、自分自身の可能性や新しい価値観を発見できた。ただ笑顔だけで心が通じ合う瞬間もあった。それは何ものにも代えがたい経験だった。

僕の「すべては旅からはじまった」という物語が、少しでもあなたの背中を押す手助けになればと思う。そして、もしこの本を読み終えたとき、あなたが新しい一歩を踏み出す勇気を持てたなら、それは僕にとって最高の喜びだ。

人生もまた、終わりのない旅だから。

すべては「旅」からはじまった　世界を回って辿り着いた豊かなローコストライフ　目次

第2章 自分探しの旅で見つけた生き方

第3章　暮らすように世界を旅して

第4章　住めば都!?　ロシアで家族ができた！

第5章 足るを知る幸せ。豊かなローコストライフ

COLUMN

＊掲載内容は、本書執筆時2025年2月時点の情報です。1ルーブル＝約1・6円で換算しています。
＊掲載内容は、著者個人の見解で、一部は経験則や推定も含まれており、必ずしも事実を証明するものではありません。

装丁　名久井直子
装画　太田マリコ
写真提供　森 翔吾
DTP　ユニオンワークス
校閲　文字工房燦光
編集　丸山佳子
　　　佐々木健太朗

第１章
旅するように仕事をする

初めて明かす秘密。吃音に悩み、挫折の連続だった20代

この本を書くことになったとき、最初に思ったのは、「今までブログやYouTubeで触れてこなかった自分の過去を書くべきだろうか?」ということだった。

恐らくこの本を書く機会がなければ、一生表に出さなかったことであり、それは同時に、僕が自分探しの旅の果てにロシアに辿り着き、YouTubeを始めた裏の理由でもあった。最後まで迷った結果、勇気を出して書くことにした。

僕は、★**吃音**《きつおん》のためにうまく話せない子どもだった。

正直に言えば、今も、話すのは苦手である。長女のソフィアを片手で抱きながら、カメラに向かって話している姿や、ひとり旅をしながら話している姿をYouTubeにアップしているが、いつも、撮影をし直している。2、3回は当たり前で、ひどいと

★ **吃音**
言葉を発する器官に異常がないにもかかわらず、言葉が円滑に話せないこと。言葉がなかなか出てこない、同じ音の繰り返し、最初の音が引き伸ばされるなどの言語症状があり、日本では人口の1%程度いると推測されている。

きは5回以上撮り直している。

そんな面倒な思いまでしてYouTubeを続けているのは、「人前で話すことに対する苦手意識を克服したい」という思いがあるからだ。

吃音とは、簡単に言えば話すときのタイミングが合わないこと。発話しようとする自分の意思と、言葉を発する行為が合わず、言葉に詰まったり、話すのに時間がかかったりしてしまうことである。

自分がいつから吃音だったのかはよくわからない。話をするのが苦手になった原因らしきものがあるとするなら、幼稚園のときに引っ越しをして、新しい幼稚園で強烈ないじめに遭ったことだ。今でも、その嫌な記憶は鮮明に覚えている。

なぜ、自分は話すという単純なことができないのか？　その悩みを両親に相談したことは一度もない。両親は気づいていたのかもしれないが、吃音を話題にしたことは今まで一度もない。僕のこんな過去を知っているのは、仲がいい知人2人だけだ。

小学校高学年になると身体が大きくなり、クラスでも背が高いほうになった。同時に運動が得意になり、学校でいじめられたり、からかわれたりすることはめっきりなくなった。

しかし、人生はそう甘くなかった。中学3年生になり、高校入試のための模擬面接が始まると、吃音の影響でまったく言葉を発することができなくなってしまった。

面接官に扮した担任の教師に「どうしたんだ？　自己紹介しなさい」と言われ、なかなか出てこない自分の名前を、無理して絞り出した。今思い出しても涙が出てくる。あのときは本当に辛かったし、もう二度とあんな辛さは経験したくない。

結局、受験の難易度が低く、面接もない、簡単に入れる高校へ進学を決めた。人生で初めて挫折感を味わったのが、このときだったと思う。

中学生時代は5段階中、4、5ばかりだった通知表も、高校では2、3が並ぶようになり、勉強をほとんどしなくなった。そして、高校をギリギリの成績で卒業し、調理師学校へ進んだ。理由は、チャーハンを作ると、いつも家族から「美味しい」と言われたことと、料理人ならあまり話さなくても仕事ができるだろうと考えたからだ。

できるだけ早く手に職をつけるために1年間で和・洋・中の基礎を学ぶコースを選

び、夜は学校近くの有名ホテルにある中華の名店でアルバイトをした。

先輩の動きを見て仕事を覚えろと言われ、ひたすら食器と野菜を洗う日々。鍋を振れるようになるまでに15年かかると聞かされて驚き、15年経った先輩たちの給料がさほどいいわけでもなく、休みが多いわけでもないことを聞いてさらに驚いた。

本当に料理が好きで修行を厭わない人間だけが、一流の料理人への扉を開けられるのだ。それはどんな仕事でも同じなのかもしれないが……。

油でギトギトの中華鍋を洗う強力な洗剤が目に入り、失明しそうになったことを機にバイトを辞め、料理人の道も諦めた。

初めて自分で選んだ道での、あっけない２度目の挫折。落ち込みはしたが、料理を学んだことはまったく後悔していない。むしろ今、メチャクチャ役に立っている。

なぜなら、先日は妻が１週間家に居なかったのだが、そんなときも二人の子どもに美味しい料理を作ってあげられるからだ。

調理師学校を卒業後は、１年間フリーターをしてアルバイトでお金を貯め、**パーキ**★

★　**パーキンソン病**
脳の指令を伝える物質・ドーパミンが減ることで起こる病気で、体の震えや動作が緩慢になる、筋肉がこわばり動かしにくくなる、転倒しやすくなるなどの症状が特徴。主に50歳以上で発症することが多く、完治が難しいため難病に指定されている。

ンソン病を患っていた母方の祖母の介護を手伝いながら、次に進む道を考えた。最初に定めた目標は、英語を習得すること。「海外で暮らしてみたい」という子どもの頃からの夢を叶えるためだ。

当時、『**ダーク・エンジェル**★』という近未来のアメリカ・シアトルを舞台にしたSFアクションドラマが人気だった。製作総指揮は**ジェームズ・キャメロン**★。主演の**ジェシカ・アルバ**★がクールなヒロインを演じていてハマり役だった。できれば、舞台になっているシアトルで語学を学びたかったが、調べてみるとアメリカには比較的容易に取得できる**ワーキング・ホリデー・ビザ**★が存在しなかった。そこで、アメリカと地続きのカナダに行くことにした。

2004年。僕は20歳で初めて外国へ行った。降り立ったのはバンクーバー国際空港。西海岸にあるブリティッシュコロンビア州のバンクーバーは、人口260万人。「世界で一番住みやすい街」に選ばれたこともある。

海と山に囲まれ、風光明媚で治安も良く、食べ物も美味しい。当時は1カナダドル83円（1米ドル約104円）程度だったから、そこそこ円高で生活もしやすかった。

★『**ダーク・エンジェル**』
2000年から2002年まで放映されたアメリカのSFテレビドラマシリーズ。遺伝子操作によって作られた特殊能力を有する「ジェネティック」（ジェシカ・アルバ演じるマックス）が、仲間を探しながら巨悪な人間と戦い、世界の変革と真の自由獲得を目指す物語。

★ **ジェームズ・キャメロン**
カナダ出身の映画製作者。『ターミネーター』シリーズ、『エイリアン2』『タイタニック』『アバター』シリーズなどの脚本・編集・監督・制作を担当。海洋探検家としても知られる。

語学学校には、日本人をはじめ韓国などアジア圏からの生徒も多く、年齢もさまざま。最初の授業ではカタコト英語しか話せない生徒もかなりいたので、安心感もあったし、ここで1年過ごせば英語が話せるようになると思っていた。

しかし、クラスで一番初めに脱落したのが、自分だった。

ここでも吃音の影響がモロに出た。極度の緊張から、英語だけでなく、言葉そのものがうまく出てこない状態になってしまったのだ。それからは部屋に引きこもり、学校には行かず、仕事もほとんどせずにパソコンだけをいじって過ごしていた。

カナダに語学留学までしたのに、英語はまったく上達しなかった。その代わりに、パソコンでホームページを作るスキルを独学で習得した僕は、帰国後、東京でデザイン関係の会社に就職した。

デザイン関係といえば聞こえはいいが、電車の**中吊り広告★**を制作して深夜に貼り替え作業を行う仕事がメインだったため、深夜労働や休日出勤は当たり前。労働環境的には超ブラックな会社だった。

当時の話は後述するが、今振り返っても、自分の人生は20代前半まで挫折の連続

★ **ジェシカ・アルバ**
初めて好きになった有名人。幼少期の影響は大きく、それ以来、いまでもメキシコ系の女性に惹かれることが多い。

★ **ワーキング・ホリデー・ビザ**
18～30歳の若者が協定国で働きながら休暇を楽しみ、異文化交流を深める特別なビザ制度。

★ **中吊り広告**
鉄道、バスなど公共交通機関の車両内にある広告のうち、車内に吊り下げるタイプの広告をいう。

だった。でも、挫折の連続だったからこそ、どう生きていけばいいのか？　どこで生きていけばいいのか？　真剣に考えるようになったのだと思う。

挫折続きの流れが変わったのは、デザイン関係の会社を1年半で退職してからだ。アルバイトで入った新しい会社では1年も経たないうちに社員に登用され、Ｗｅｂホームページの制作を任せてもらえるようになった。

収入も上がり、仕事も面白くなり、お金と時間に余裕が生まれ、僕は吃音の克服法を探すようになった。

25歳のある日、「しゃべる練習や発音練習をすることで吃音を改善する」というネットの記事を見て連絡を取った。「自分の都合のいい時間に、自宅にいながらオンラインでトレーニングができる」という。

もちろん、昔の話なので、オンラインといってもZoomなどではない。電話だ。吃音の改善を行ってくれるコーチに電話をかけ、滑舌を良くする発声練習や間を取りながらゆっくり話す練習をするのである。

吃音がある人ならわかると思うが、電話応対ほど嫌なものはない。顔が見えず、うまく話せない声だけで判断されるからだ。そんな恐怖感を除くためにも、電話でのトレーニングは効果的だったと思う。

半年ほど続けると、吃音は劇的に改善された。吃音がある人全員に効果があるかはわからないが、僕の場合はひたすら発声練習をして、口の筋肉を鍛える「口の筋トレ」を一日2〜3時間行うことで、気がついたら普通にしゃべれるようになっていた。

吃音の悩みを克服できたことは、大きな成功体験になり、その後の苦難を乗り越える糧になっているのは間違いない。

29歳で会社を辞め、もうサラリーマンには戻れないと覚悟をしたときも、「吃音を克服できたのだから、〝留学したのに英語がしゃべれない〟というコンプレックスも必ず吹き飛ばせる！」と思えた。

そして、3カ月間のフィリピン語学留学を決行し、自分なりに納得いく英会話力を身に付けて、リベンジに成功した。

語学の習得は、生きていく手段に過ぎないかもしれない。でも、世界は広がる。地図なき人生を自分の力で進んでいける。

「残念ながら、これがサラリーマンってもんなんだよ」と言われて

僕がサラリーマンになったのは、22歳の春だった。

ワーキング・ホリデー・ビザで1年半滞在したカナダから戻り、パソコンスキルをアピールして東京にある大手広告代理店の下請けプロダクションに就職した。

その会社では、駅に貼る広告や電車の中吊り広告の制作と施工がメインで、美術展で販売するミュージアムグッズの制作などもやっていた。

そう紹介するとカッコ良く聞こえるが、終電後に駅の広告や車内吊りを貼る仕事は深夜残業が多く、ミュージアムグッズチームは、社内の数少ない印刷機を使うために早出をして制作を行うような小さな会社だった。

入社後は黙々と深夜に広告を貼り、しばらくしてミュージアムグッズチームに配属

されると、朝4時に自宅を出て夜7時に帰宅し、休日出勤も当たり前の毎日を送りながら、黙々とグッズを制作していた。

仕事はそこそこ面白いが、労働環境的には厳しい。深夜残業が続いても半休や代休は取れず、ほとんどの人が会社で寝て、翌日は普通に仕事をしていた。有給休暇は親族の結婚式や葬儀などの特別な理由がない限り取れないので、病気にもなれない。でも僕は、この業界ではそれが当たり前なのだろうと思っていた。

なぜかというと、僕の父親もよく働くサラリーマンだったからだ。世界に冠たるトヨタのお膝元・愛知県で、その関連会社に勤務していた。同じ会社で40年間勤め上げた父親は、僕がサラリーマン生活を始めるときにこうアドバイスをしてくれた。

「一生その会社で働く気で、頑張れよ！」と。

そんな親に育てられた幸せな人生、成功のイメージは、

成功＝「サラリーマンとして出世すること」だった。

成功＝大企業に入社して、役職に就き、良い給料をもらい、良い車に乗り、綺麗なマンションに住むこと。僕と同年代の多くは、そう考えていると思い込んでいた。

ところが、入社して1年半が過ぎた頃、同じ時期に入社した2歳年上の同僚は、僕にこう言ったのである。

「ねぇ森くん、一緒に会社を辞めない？」

「はぁ？？？？」

それまで、就職をしたら同じ会社で勤め上げるのが正しいと思っていた自分の常識が、ぶち壊された瞬間だった。

すでに昭和ではないので、転職は当たり前になっていた。しかし、仕事や会社が嫌だからといって簡単に辞めていいとは思っていなかった。

「森くん、一緒に会社を辞めない？」と言った同僚は、都内の一等地に実家があり、両親や祖父母は会社経営者。辞めても何とかなるバックボーンがあった。

一方の僕は、地方から上京してきた身であり、物価の高い東京の狭いアパートでカツカツの生活をしている安月給取りである。そんな自分が会社を辞めたらどうなるか。路頭に迷うだけだ。

辞めるなんてとんでもないと思っていたが、結局、「辞めない？」と言われた数カ月後に、僕は正社員として初めて勤めた会社を1年半で退社した。

きっかけは、会社の全体ミーティングで、僕が「深夜作業をした人はホテルに泊まるか、翌日を休暇にしたほうがいいんじゃないですか？」と提案したことだった。

「何を言っているんだ！　経験もない奴が口出しするな！」と社長に怒鳴られくさる僕を、先輩がフォローしてくれたのだが、たまたま会社の飲み会で先輩と帰りの電車が同じになり、こんな会話をした。

「先輩は、深夜まで働いて疲れないんですか？　しかも、会社の床で寝るっていうのは普通じゃない……」

「森くん、君の気持ちはよくわかるけどね、残念ながら、これがサラリーマンってもんなんだよ」

その先輩の物悲しそうに下を向く表情は今でも忘れられない。

結局、この出来事が退職の決め手となった。

将来の生活をシミュレーションして絶望。このままでは暮らせない！

最初に就職した会社を辞めた後は、本を読んだり、ネットを見たり、深夜に散歩したりと、気ままに過ごしていた。

数カ月が過ぎて財布が軽くなり、そろそろ働かなくてはと思いながら、当時付き合っていた彼女と秋葉原を散歩していると、求人広告が目に入った。

「時給1200円、ショップ店員募集中！」

2008年の話なので、時給1200円は決して悪くない給料だ。

彼女に「応募してみたら！」と背中を押されて、勇気を振り絞って電話をかけると、面接に来てくれと言われた。

秋葉原のショップ店員になって何を売るのだろうと思っていると、USBで充電できる温まる手袋やカイロなど、主に中国から輸入したコンピュータ関連のおもしろグッズだった。

コンピュータの知識は自信があったが、ショップ店員になればお客さんと話すことになる。不安はあったが、電話応対は基本的にないと言われたので、（吃音でも）大丈夫だろうと腹を括り、時給に惹かれてアルバイトをすることにした。

半年後、履歴書のアピール欄に「特技：ホームページの制作」と書いておいたことが社長の目に留まったらしく、ホームページの制作チームに入らないかと誘われた。チームに入り半年頑張ると、今度は社員にならないかと誘われた。

ホームページ制作が軌道に乗ると、扱っている商品のPRサイトを一手に任せてもらえることになった。ラッキーだった。

2003年に設立して右肩上がりで成長していた輸入販売を手掛けるその会社は、社員20名ほどの小さな会社だったが、40代の社長と若い社員ばかりで、フランクな社風だった。

髪がピンクでも黄色でもOKだったし、仕事が終わると会社の冷蔵庫に入っている缶ビールをプシュっと開けてみんなで飲み、休日は社用車を使って温泉に行くほど社員の仲もいい。仕事をしているというより、部活をしているような会社だった。

勤務は10時～17時と短く、残業ゼロ。25歳で年収450万円ほどあったので、かなり恵まれていたと思う。

お金もある、勤務時間も短いので自由に使える時間もある。そこで、自分の弱点である吃音を治す方法を探し、挫折した英会話に再挑戦することにした。

しかし、吃音は発声練習をするだけで飛躍的に改善したが、英会話教室に通っても相変わらず英語は話せないままで、お金をドブに捨てているような状態だった。

やる気が出ない。仕事も比較的簡単にこなせるし、課題があるわけではない。ぬるま湯に浸かっているような状態で、自分は成長できるのだろうか？ 10年後も20年後も同じ仕事をしてこのまま終わってしまうのではないか？ そんな危機感があった。

お金と時間に余裕ができてアジアやニューヨークを旅行するようになり、刺激的な世界を知ったことも大きかった。

せめて10年後には違う自分でいたい。未知の自分を見てみたい。そう思って、「会社を辞めたい」と社長に告げた。26歳のときだ。

ところが、社長はＯＫと言わなかった。アルバイトから正社員にしてもらい、得意分野の仕事を任せてもらえた恩もある。自分勝手な都合だけで辞めることはできないか……と、そのときは退職を断念した。

翌年、**東日本大震災**★が起きた。放射線測定器や医療機器などの需要が増え、会社で扱う中国からの輸入商品も数倍に増え、過去最高の売り上げを叩き出した。

「森くん、よく頑張ってくれたね」と社長が労いの言葉をかけてくれるほど、仕事が忙しかったことをよく覚えている。しかし、一瞬にして生活が一変してしまう大震災を目の当たりにして、自分の将来も真剣に考えることになった。

将来、結婚して子どもが２人できた場合を想定し、**生活費**★がどのくらいかかるのか、シミュレーションした記録が、今も残っている。

29歳のとき、僕は東京駅に近いながら閑静な文京区に住んでいた。文京区で家族４人が快適に暮らせる60㎡のマンションは、２０１３年当時で家賃20万円、購入すると６０００万円（現在なら1億円以上）ほどだった。

そんな一等地にマンションを購入するのは無理なので、メモにはこう記してある。

★　**東日本大震災**
２０１１年3月11日14時46分に発生した東北地方太平洋沖地震および、福島第一原子力発電所事故（放射能汚染）による大規模な地震災害。

★　**生活費**
総務省統計局の家計調査報告（２０２４年12月分）によると、１か月分の消費支出（二人以上の世帯）は、1世帯当たり35万２６３３円で前年同月比、実質２・７％の増加となっている。

条件

●都心から電車で40分程度のマンション
●妻、子ども2人の4人家族

毎月の出費

●ローン　10万円
●光熱費　3万円
●食費　6万円
●スマホ・インターネット代　1万円
●お小遣い（夫婦）　6万円
●娯楽費、旅行代　3万円
●教育費　3万円
●その他　5万円
合計　37万円

もしも、35歳で年収600万円だったとすると、

●月収　50万円

●社会保険・住民税など　13万円
手取り　37万円

ということは、「給与＝生活費」になるので、貯金は０円！

夫婦共働きをすれば、数字は変わってくるかもしれないが、この数字を見て、僕は絶望的な気持ちになった。「このままサラリーマン生活をしていたら、理想の生活は絶対に送れない！」つくづくそう思った。

会社を辞めることを考え始めた26歳のときに、

「もし１年後に英語力を身に付けるか、仕事に役立つ何らかの資格取得ができなかったら会社を辞めでもしない限り、一生このまま何も身につかず、あっというまに40歳、50歳と年をとってしまうだろうな」

そう考えていたのだが、約３年が経過し、29歳になってもまったく結果が出ていなかった。焦っていた。

そうした理由から、僕は29歳でサラリーマンを辞めようと決意した。

人生を変えてくれたフィリピンでの語学留学

次の仕事が決まっていてサラリーマンを辞めたわけではなかった。

正直言えば、「何で辞めてしまったんだ……」と後悔もした。しかし、のんびり屋で面倒くさがり屋の自分は、退路を断たなければ動けないタイプだ。

もう誰も助けてくれない。自己責任でやっていかなければいけない……。そう自分に言い聞かせて、最初にやるべきは「英会話習得」と決めた。

サラリーマン生活を辞める直前に行ったニューヨークで、「英語さえ話せれば、ここで仕事ができるのに！」と無念さを噛み締めたことも引き金になった。カナダ留学のリベンジを心に誓い、2014年5月から3カ月間、**フィリピン**★に語学留学をした。

フィリピンを選んだ理由は、留学費用が安かったからだ。

★ **フィリピン**
フィリピン共和国。7641の島々からなる島国で、首都はルソン島にあるマニラ市またはマニラ首都圏。公用語はフィリピン語と英語。

当時、最も安い学校なら、一カ月の授業料、宿代、料理、掃除、洗濯代込みで、四人・二人の相部屋なら10万円程度からあった（今でも、そう変わらないと思う）。一人部屋を選んだとしても、一カ月15万円程度なので、アメリカやイギリス留学の半額程度で済んでしまう。日本で一カ月暮らすより、フィリピンに語学留学したほうが安いのだから驚きだ。

フィリピンで語学を学ぶもうひとつのメリットは、欧米の語学学校のようなクラス単位の授業ではなく、先生からマンツーマンレッスンが受けられることだ。

単語や文法を間違えたとしても、自分が話す英語を聞いているのは先生だけなので、あまり恥ずかしくないし、わからなければ何度でも繰り返し教えてもらえるところがいい。シャイな日本人には向いている授業だと思う。

ちなみに僕が通っていたのは、首都マニラからバスで3〜4時間ほどの小さな町にある語学学校で、一日に50分の授業＋10分の休憩が6〜8コマあった。

一日に6〜8時間もマンツーマンで英語を勉強するので、3カ月後にはほとんどの人が日常会話程度は話せるようになる。

ただ、日常英会話ができたところで、その後はどうするのか？

フィリピンの語学学校で過ごしていた3カ月は、「英語をマスターすれば絶対に役立つ」という漠然とした考えしかなく、「日本に戻って何をするんだ？」「起業して成功なんてあり得るのか？」と、ネガティブなことばかり考えていた。

僕と同時期にこの語学学校に通っていた日本人は50〜60人いた。年齢は10〜60代まで幅広く、会社を辞めて語学留学した人たちも多かった。話を聞いてみると、「仕事に疲れて会社を辞めて、履歴書に書けることを増やそうと語学留学したけれど、フィリピンで3カ月英語を学んだくらいで、転職に役立つだろうか……」「海外転職も考えているが、日本より給料が下がる気がするし、自分の英語力でやっていけるだろうか……」と、それぞれ不安を抱えていた。

今なら「起業」を考えて留学する人も多いだろうが、当時は「サラリーマンとしてステップアップしていくこと＝成功」と考えている人が多かった気がする。

そんな日本人が多い一方で、ステップアップしたくてもできないフィリピンの人たちがいた。語学学校の授業料が安いのは、とてつもなく人件費が安いからだ。

フィリピンは、わずか1％に過ぎない富裕層が、60％以上を占める貧困層から搾取をして経済成長をしてきた。大学を卒業しても初任給は2～3万円程度。家政婦や清掃員の仕事の場合は月収1万円程度と、多くの人が貧しい生活を強いられている。

僕が通っていた語学学校の先生たちも、「寝る場所と食事は保証されているが、10畳の部屋に2段ベットがギュウギュウ詰めに並び、15人部屋は当たり前」だった。実際に部屋に入ったことがあるが、**バックパッカー**★宿よりもベッドがツメツメで劣悪な環境だった。同じアジアに生まれながら、この環境の違いに驚いた。

フィリピンで富裕層以外に生まれたら、必死に仕事をしても、収入はそう上がらない。日々、食べるのに必死で、職場でのステップアップや起業や副業を考える余裕などないはずだ。

その反面、日本人である僕は、少なくとも自分の意思である程度は自由に仕事を選べる。贅沢を言わず、一年必死で頑張れば、それなりに評価してもらえる環境もある。

せっかく日本に生まれたのだから、自分に何ができるか挑戦してみよう。

フィリピンでの3カ月を経験し、僕の人生はようやく動き始めた。

★　**バックパッカー**
バックパック（リュックサック）を背負い、低予算で旅行をする人々の総称。

個人事業でビギナーズラック？

起業をしよう。そう決めてフィリピンの語学留学から戻った後も、どんな仕事をすればいいのか、具体的な答えは見つからなかった。

焦っても仕方がないので愛知県の実家に戻り、しばらくのんびり過ごすことにした。何しろ仕事をしていないので収入はゼロ。30歳で実家に戻って家族と同居は少し恥ずかしくもあったが、ほかに選択肢がなかった。

しかし、仕事のヒントは、意外なところに転がっているものである。

ある日、欲しかった一眼レフのカメラをネットで安く見つけた。同じようなカメラの価格をAmazonで調べてみると、かなり高いものが多い。この価格差はなんだろうと思い、安く見つけたカメラを買ってみた。

「本物だろうか？」という疑いをもったので、自分で使って性能を確認してみたかったのだ。とくに問題はない。そこで、もう一台新品を購入してAmazonで売ってみることにした。すると、すぐに売れて1万円ほどの利益が出た。

単なるビギナーズラックだと思うが、物販とはこれほど簡単に利益が出るものなのか！と驚いた。

同時に、Amazonの販売システムにも驚いた。商品の外箱にバーコードを貼ってAmazonの倉庫に送るだけで、お客さんへの販売から発送・受注管理からクレーム対応、返品処理まで行ってくれるため、このシステムを使えば、世界中どこにいても収入を得ることができる。

さらにAmazonの場合は、プライム会員になると、購入した当日や翌日に商品が届くサービスが受けられるため、他のサイトより値段が少しばかり高くても、購入する人が多いという特徴がある。僕自身も、商品がすぐに届くことに気をよくし、モノを買いまくっていたAmazon中毒だった。

そこで売れそうな商材を探し、Amazonのシステムを使って販売してみることにした。これが、僕が最初に始めたビジネスだった。

カメラを仕入れて、Amazonで売る。簡単なことだが、商品の仕入れが少なければ商機を逃し、仕入れが多すぎてなかなか売れなければ在庫を抱えることになる。

輸入販売をする商社で5年以上働いていたのに、サイトで商品紹介のキャッチコピーを書いていただけで、仕入れについての知識はゼロ。手探りで始めた個人輸入は、ビギナーズラックで滑り出しこそ好調だったが、すぐにトラブルに見舞われた。

「すり替え詐欺」に遭ったのだ。

僕が販売した一眼レフカメラが、代金が振り込まれる前になんらかの理由で返品手続きが行われ、戻ってきた。箱を開けてみると、中が空だった。

コンビニ受け取りのコンビニ返品で、購入者は偽名を使っていたため、完全な詐欺行為である。コンビニの防犯カメラを調べれば、犯人は突き止められたと思う。しかし、Amazonのサポートセンターに相談してもラチがあかず、損失も補填してもらえず、結局、泣き寝入りするしかなかった。

損失額は約40万円。当てにしていた1カ月以上の給料が、一瞬にして消えてしまい、僕はかなり落ち込んだ。

ただし、40万円もの高額商品を倉庫に預けていたのは自分のミスだ。高額商品は自分で注文管理・発送したほうが良いということを後から教えてもらった。

ちょうど通販で、「すり替え詐欺」が流行り始めた頃だった。まさか自分がカモにされるとは思っていなかったが、リスク回避のための知識は必要だ。当時は同じようなビジネスをやっている人がすでにいて、勉強会やグループコンサルティングなどを行うセミナーがあったので、参加して情報を得ることにした。

毎月1回、50人ぐらいが集まって物販に関する勉強をした後、飲み会をしながら情報交換をするようなセミナーで、授業料も、**コンサルフィー**★もかなり高額だった。けれども、右も左もわからなかったこの時期に、相談できるコンサルタントや同じような仕事をしている先輩と知り合えたことは、ありがたかった。自分ひとりで新しいビジネスに挑戦する不安や孤独から救ってもらえたからだ。

★ **コンサルフィー**
コンサルタント会社へ仕事を依頼した際に支払う費用や、会計士、税理士、弁護士などと顧問契約を結んだ場合に発生する費用のこと。

仕事を輸入貿易事業へと拡大。順調だったが500万円の大損をする

個人事業を始めて3カ月ほどすると月商200万円（月収は15万円程度。利益率はかなり低い）になり、業績は順調に伸びていた。しかし、国内の商社から20個、30個と細々した商品を仕入れて売る仕事が楽しいかと聞かれたら、「NO」だった。

輸入商社で社員として仕事をしていたときは、中国からの輸入がほとんどだったが、それでも世界とのつながりを感じることができた。

ところが自分で事業を始め、仕事が国内に限定されるようになってからは、世界が急に狭くなり、息苦しさを感じるようになっていたからだ。

「輸入ビジネスができないだろうか……」。そんなことを考えながら海外のオークションサイト「eBay」で自分用の「USキーボード★」を購入したときだった。

★ USキーボード
英国圏のPCで使用されることが多いキーボードで、キーにはアルファベットと記号だけが刻印されている。日本で主に使用されるキーに「かな」が刻印されたものは「JISキーボード」。

「もしかしたら、これは売れるのではないか!」と閃いた。

自分は、日本語表示がない「USキーボード」の文字配列が好きで使っているが、同じような好みの人はいるはずだ。

そう思い、手始めに「USキーボード」を10台購入して日本のAmazonで販売してみた。すると、あっという間に完売した。

20台、50台、100台輸入しても順調に売れていき、やがて1000台単位のロットで仕入れをさせてくれる取引先と出会うことができた。

当時の輸入ビジネスは、アメリカのAmazonから仕入れて並行輸入品として販売しているケースがほとんどだった。ところが詳しく調べてみると、オークションサイトの「eBay」のほうが安値で、しかも大量に商品を販売しているセラーが多かった。

ちなみに、僕が最初に1000個以上の取引をしたセラーさんは、アメリカのテキサス州でシステムエンジニアをしている普通のサラリーマンで、パソコン周辺機器を激安で仕入れられるコネを持っていた。こんな人に巡り会えたのは、本当にラッキーだったと思う。

Amazonから仕入れるのではなく、ライバルが少ない「eBay」に絞って仕入れをすればいけるのではないか。僕はそう考えて、輸入ビジネスにチャレンジを始めた。

もちろん最初は大変だった。売れそうな商品がなかなか見つからない、仕入れたが売れない、届いた商品が新品ではなくボロボロだったなどのミスを繰り返した。

でも、結局はコツコツやるしかない。

3カ月ほどすると、Amazonで情報公開している世界中の取り扱い商品の売り上げランキング（有料ツール）を検索して、売れ筋商品を仕入れられるようになってきた。

そこで、国内物販から手を引き、輸入ビジネスに集中することにした。

輸入物販に切り替えたのは、こんな理由からだ。

- **オンラインで完結できるので、仕事内容は今までと変わらない。**
- **100個、1000個単位のロットで仕入れられるので、仕入れが今までよりラクになる。**

●ちょうど、外注で海外からの商品受け取り、納入、検品をやってくれる会社を見つけたため、自分は商品リサーチと商品管理だけを行えばいい。

●海外で仕事をするという夢を、そろそろ叶えたい！

たとえば、タブレット用のタッチペンを輸入し販売する。これが日本で売れた。そこで、アメリカでも販売しようと思い、安い仕入れ先を見つけ、以前から関係があった取引先の人に販売までお願いした。

その人とは直接会ったこともあったし、何度かオンラインでも会話をしていたのだが……、ある日、その人と連絡が取れなくなってしまった。

持ち逃げされたのだ。損失額は５００万円。もちろん、個人事業を始めてから最大の損害だった。

ショックで数カ月は立ち直れなかった。

輸入ビジネス成功！自分探しの旅へ

「成功する人は失敗から学び、別の方法でやり直す」

これは、アメリカの作家**デール・カーネギー**★の言葉だ。一度ぐらい大きな失敗をしたからといって、凹んでいても仕方がない。

500万円分の商品の販売を、信用して任せたのは自分だ。アメリカまで行って彼の自宅を訪ねたが、もぬけの殻。家族全員で逃げたのだ。

アメリカで裁判を起こせばかえって経費がかかるため、打つ手はない。そのとき、本当に親身になって相談に乗ってくれた税理士さんがいてくれたから、なんとか立ち直れた。以来、税理士の彼とは腹を割って話せる友になった。

輸入ビジネスのセミナーにも通って勉強をし、また一から売れそうな商材探しを始

★ **デール・カーネギー**
1888〜1955。アメリカの作家で教師。代表作に『人を動かす』『道は開ける』がある。

めた。そのうち、ヒット商品が見つかった。

バッテリーが消耗して使えないバーコードリーダー★をただ同然で仕入れる→中国で、バッテリー部分を一個数百円で作る→日本で新商品として製品化し、一個１万円近い価格で販売する！

テストで仕入れて、最終的には数千個売った。これで、贅沢をしなければ２～３年くらいは働かなくても、自由に生活するお金ができた。

仕入れ交渉のために初めてアメリカ出張をしたのは、２０１６年11月。輸入物販をスタートしてから10カ月が経った頃だった。

目的地はテキサスとアトランタ。５０００個の商品交渉という大きな取引だったので、今回は仕入れる前に実際に仕入れ先と会い、信頼できる相手かどうか確かめようと決めていた。

会う前に、メールで提示されていた金額は、一個20ドル。５０００個仕入れると、合計10万ドル。１千万円以上……。さすがにこの交渉は無理だと思った。

しかし、現地に行ってビジネスの話だけでなく、酒を飲みながらプライベートのこ

★　**バーコードリーダー**
縦縞模様の線の太さによって情報を変化させる１次元コードや、ドットを縦横に配列した２次元コード（デンソーウェーブのＱＲコードが代表的）を読み取るものを「バーコードリーダー」または「バーコードスキャナ」という。

とも話すうちに、一個12ドルまで値下げしてくれることになった。さらに、分割仕入れもOKと、好条件を出してくれた。

手土産は、金ピカのラベルで、アメリカ人が「Japan!」と喜びそうなパッケージの日本酒。わずか980円だったので気が引けたが、すごく喜んでもらえた。初回にしては大成功のアメリカ出張だった。

1000個以上のロットで海外からの仕入れができるようになり、時間的にも金銭的にも余裕が生まれた。普通ならここで、

●取引先をさらに増やす。

●独占販売権を獲得。

などを考えて、**「さらにビジネス拡大！」**というコースを辿ると思う。

しかし、僕が選んだ道は違っていた。

「自分探しの旅」をしようと思ったのだ。

なぜかというと、時間的にも金銭的にも余裕ができたにもかかわらず、毎日クタクタに疲れ、うつ状態が続いていたからだ。いくつかのビジネスセミナーに通ったが、

「自分が求めていたのはこれだ！」と思ったことはなかったし、いつもぼんやり感じていたのは、

「自分が求めているのは、上り詰めることではない！」
「ビジネスを拡大して超リッチになりたいわけではない！」

ということだった。

輸入ビジネスのセミナーも、年間100万円以上を費やしたにもかかわらず、3カ月で3回ほど通っただけで、行かなくなっていた。

参加している起業家たちは儲けて豪遊、女遊び、高級車に乗るなど、いかにリッチな生活をおくるかといった話題に花を咲かせていた。

その光景を見ながら、「自分がいる世界はここではない」と違和感を覚えた。

とはいえ、具体的に何がしたいのかは、まだわからない。そこで、輸入ビジネスをしながら、海外で生活し、自分はどんな生き方、暮らしがしたいのか、考えてみようと思った。

自分探しの旅の始まりだ。

ブログを始めたことで仕事になった、コンサルティング

僕が、輸入ビジネスをしながら、海外で「自分探しの旅」をしてみようと思ったのには、もう一つの理由がある。

輸入物販の仕事をしているとクレジットカードで商品を仕入れできることが多い。すると、航空会社のマイルがかなり貯まる。一年で50万マイルは余裕だ。

当時、ANAの場合は8万マイルで「東京―ニューヨーク」をビジネスクラスで往復できた。ということは、年に6往復できる計算だ。これを無駄にする手はない。

そんなことを考え、今後の自分探しのプランを練りながら、ニューヨークに1カ月ほど滞在していたときのことである。

小さな取引を始めたばかりのユダヤ系アメリカ人と会うために、クィーンズにある

彼の倉庫を訪ねると、僕の体調不良を改善してくれるスーパーアイテムを、彼が飲んでいたのである。それが何かは後述するが、その飲み物のおかげで自分の不調の原因がわかり、飲むだけで元気が出て、ポジティブに物事を考えられるようになった。

健康オタクの僕は、さまざまな情報を調べ、その飲み物の学術的な裏付けを取った。そして、「これは人に伝えなければ！」と思い**ブログ**★を始めた。

ブログのテーマは、「輸入ビジネス、健康、海外」。自分の人生の中で、特に重要だと感じている3つを選んだ。

発信し始めて3カ月ほどすると、メールが届くようになった。

「ブログの内容を実践して私も体調が良くなりました」

「ブログで紹介していた商品を仕入れてみたら、1万円以上の利益が出ました」

「森さんは、輸入ビジネスのコンサルはやっていませんか？　受けてみたいです」

といった好意的な反応が多かった。

コンサルティングをやるつもりはまったくなかったが、思いがけず依頼が多かったのでやってみることにした。

★ **ブログ**
World Wide Web上のWebページに自分のメッセージを記すこと。「Web に Log する」を略して「blog（ブログ）」と呼ぶようになり。執筆者は「blogger（ブロガー）」と呼ばれる。

それが今では、メインの仕事になっている。人生、どうなるかわからないものだ。

コンサルティングをやることにしたのは、「本当に悩んでいる人が多い」と思ったからだった。

●コンサルを受けているが難しくてついていけない。
●起業セミナーに参加しているが、受講生と馴染めない。
●コンサルの先生のアドバイスを素直に聞けない。
●セミナーに参加したが、モチベーションが維持できず、辞めたい。

多くの人から寄せられるそんなメールを読みながら、そこまで無理をしてやる必要があるのだろうか？　と思った。

確かに、高いお金を払って参加したセミナーやコンサルを途中でやめるのは勇気がいると思う。でも、僕の経験からアドバイスするなら、

「セミナーやコンサルの先生や講師と気が合わないなら、尊敬できる点がないなら、速攻でやめたほうがいい」

なぜなら、時間とお金を消耗するだけだからだ。

僕も、１３０万円の年間受講料を支払った「輸入ビジネスのコンサルとセミナー」は3回で行かなくなってしまったし、年間３００万円もした「ビジネスオーナーを目指すためのセミナー」は、半年でリタイアした。

後者のセミナーでは、初めて年収1億円超えの人たちに会った。彼らは、本当に頭が切れて、行動もずば抜けている。

でも、**「ビジネスの世界で生き残るには、常に人に優しくしていたら足元をすくわれる。〈優しさ＝死〉」**という教えは納得できなかった。

実際に僕も、相手を信頼しすぎて在庫を持ち逃げされたり、いい加減な仕事をされて大損失を出したりしたことがある。だからといって、「優しさ＝死」だとは思わない。

コンサルに関する相談を受けたときは、いつもこう答えている。

「先生や講師が人間的に優れているか、魅力的か、尊敬できるかが一番大切だ」と。

成長のためにレベルの高いセミナーやコンサルを選んでも、自分に合わない人間ばかりいる場所ではストレスが溜まるだけだ。そんな環境で自分を伸ばすことは難しい。

世界中を旅するように仕事をしてわかったこと

世界の国々を旅しながら、輸入ビジネスやコンサルティングの仕事をしてきて、つくづく思うのは、**「日本は凄まじいほど、恵まれた国」**だということだ。

- **餓死する人はいない。**
- **世界各国の美味しい料理が食べられる。**
- **事件も少ないし、夜中に一人で出歩けるほど安全。**
- **どの街に行っても、清潔。**
- **マナーがよく、誠実、勤勉。**
- **インターネット環境も整っていて、便利。**

もちろん、「日本はルールに縛られて息苦しい」と感じている人もいるかもしれない。

しかし、日本を一歩出て海外へ行くと、ここまで魅力的な国はないと思う。

アジアや中東、ロシアなど、貧富の差が激しく、自国に仕事がない国々に生まれたら、生きていくだけで精一杯で、自分の好きな仕事さえ選ぶ自由がない。

でも、日本に生まれれば景気が悪くて給料が30年間上がらないとか、税金が高くて暮らしづらいとか言われつつ、なんだかんだ学生でも起業ができる。市場規模もそこそこ大きく、ネット環境も整っているので、ニッチなビジネスでも成功しやすい。

しかも、日本のパスポートがあれば世界193カ国にビザなしで入国できる。**パスポートランキング**★は世界2位。国際的に信用があるのも、日本の特権だ。

これだけ恵まれた日本に生まれたのだから、「仕事がつまらない」「将来が不安」と嘆いているなら、海外へ目を向けてはどうだろう。海外はハードルが高いなら、日本でもいい、まだ自分の見たことのない世界へ、旅をしてほしい。


僕は、ビジネス拡大路線ではなく「自分探しの旅」を選び、一つの土地に1カ月ほどステイしながら、どんな国が自分に合っているのか、楽しみながら探してきた。

「ニューヨークに住むには、**ドバイ**★に住むには、いくら稼げばいいのか？　自分にで

★ **パスポートランキング**
各国のパスポートが、どれだけ多くの国でビザなしで入国できるかを評価したもの。2025年度のランキング1位は、195カ国ビザなしで入国できるシンガポール。2019年から2024年までランキング1位だった日本は193カ国で2位。3位は192カ国のフィンランド、フランス、ドイツ、イタリア、韓国、スペインとなっている。

★ **ドバイ**
7つの首長国からなる連邦制国家であるアラブ首長国連邦（UAE）の最大の都市。首都はアブダビ市。

きるだろうか?」とシミュレーションをしてきた。

僕には、ドバイで最高級のタワーマンションに住み、ポルシェに乗っている友人がいる。そんなセレブな生活をするには、最低でも年収3000万円が必要だ。もちろん、一時的ではなく継続的に。自分にできるだろうか?

シミュレーションしてみたが、100%無理。しかも、そのセレブな生活が自分に合っているかというと、100%不釣り合いだ。


サラリーマンを辞めて起業セミナーに通い始めた当初は、セミナーで聞いたことを鵜呑みにして、僕も「年収1億円を目指すぞ!」と無謀なことを言っていた。

でもそれは所詮、絵に描いた餅なのだ。世界に出て実際に暮らしてみれば、自分にはどんな仕事や生活が合っているのかわかる。

バリバリ稼ぐのは性に合っていないとわかったうえで、僕が辿り着いたのは……

- **プライベートとバランスを取りつつ真面目に働いて、年収600万円程度を得る。(当時のレートで5万ドルを想定)**
- **税金などを差し引いて、500万円前後の手取り。**

●年間１００万円程度で暮らせる、物価が安い場所に住む。
●日頃は節約生活をしつつ、趣味の「旅」用に年間１００万円は確保。
●余った３００万円を貯蓄し、投資に回して資産を築く。

こんなライフスタイルだ。

起業するより、サラリーマンで出世したほうがいいという人もいると思う。物価が高くても大都市のタワマンに住み、高級車に乗っていたほうが、モチベーションが上がり仕事がはかどるという人もいると思う。

でも、僕のように、「あまりお金に執着心がなくスモールビジネスでいい、ゆとりをもって家族と楽しく暮らしたい」と考える人もいるのではないだろうか。

あなたの理想の生活とは、どんなスタイルだろうか？

収入は〇〇万円あって、どんな場所で、どんな広さの、どんな家に住んで、家族構成は〇〇で、どんな趣味を持って、年に〇回旅行をして……。

イメージしてほしい。そして理想を書き留めてほしい。

理想の生活を実現することは、具体的な言葉にすることから始まるのだから。

COLUMN 1

人生グラフ

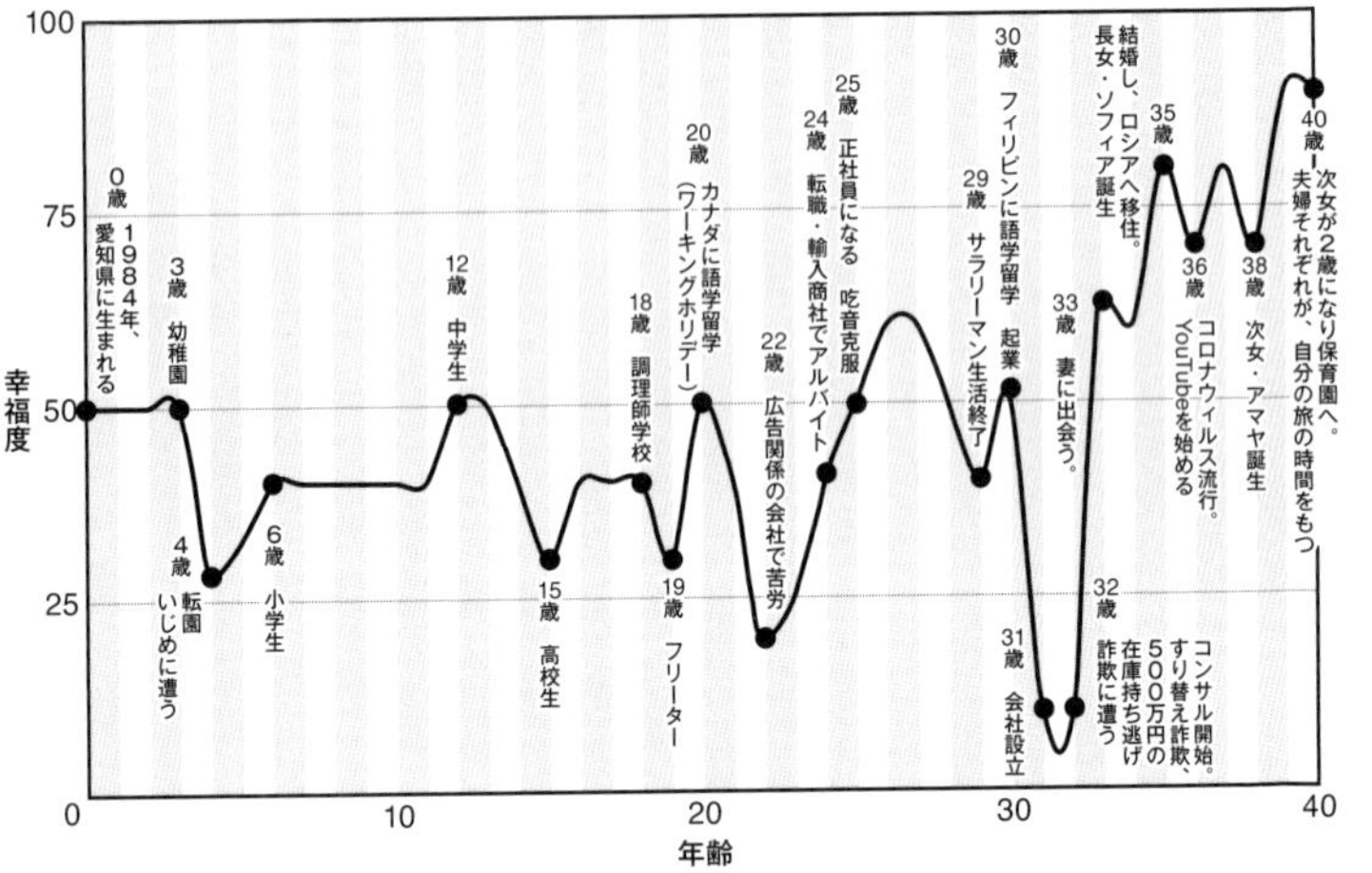

幼稚園でいじめに遭って凹み、中学校で吃音だったために面接のない高校への進学を決めて凹み、カナダに語学留学したものの英語を習得できずに凹み、22歳で正社員として就職したがブラックな会社で凹み、僕の人生は20代前半まではまったくいいところがなかった。

24歳で輸入商社に入社してからは、ビジネスの基礎を学ぶことができ、吃音を克服することもでき、楽しい5年間だったと思う。でも、人生は一度だけ。「海外で暮らしてみたい」という子どもの頃からの夢を叶えるために会社を辞め、フィリピンに語学留学をした。その後個人事業を始めたものの、ストレスで体調が悪くなり、メンタルもやられてうつっぽくなり、今までの人生では一番辛い時期だったと思う。

長い人生、浮き沈みがあるのは当たり前。でも、こうして人生グラフを書いてみると、落ち込んでもその経験が役に立ち、次の飛躍につながっていることがよくわかる。落ち込むこと、失敗することも無駄にならないのが人生だ。

第2章
自分探しの旅で見つけた生き方

孤独な時間を作って「自分の心」を見つめる

30代に入ってから、僕は「自分探しの旅」を続けてきた。輸入販売のための仕入れも行うが、一つの場所に半月から1カ月ほどステイしながら、日々数時間、仕事をするのが自分のスタイルになった。

「何で自分探しなんかしているんだ？　時間の無駄だよ」

「海外でもっと仕入れ先を探せば、儲かるじゃないか？」

いろいろなことを言う人がいる。確かに、「自分探しの旅」など無駄なことかもしれない。でも、無駄な時間こそ、僕は宝物だと思っている。

毎日が同じことの繰り返しで、将来の暮らしの保証さえままならないサラリーマン生活を29歳で辞めたとき、「自分はどんな暮らしをして、どんな人生を送りたいのか」、真剣に考えなければいけないと思った。

自由の身になったのだから、やりたいことに挑戦してみようと英語を学び直して起業をし、仕事は何とか軌道に乗せたが、「自分はどんな暮らしをして、どんな人生を送りたいのか」は、つかめないままだった。

なぜなら、自分のことがわかっていなかったからだ。仕事に追われ、周囲の人に気を配り、なるべく問題を起こさないように日常を過ごしているうちに「自分の考え」や「自分が求めていたこと」すら、思い出せなくなっていた。

仕事で海外に行くことが増えていたこともあり、いつもと違う場所、いつもと違う人々の中に身を置き、孤独な時間を作って、「本来の自分、新しい自分を探す旅」をしてみようと決めた。32歳のときだ。

サラリーマン時代も、海外に行くことはあった。ニューヨークや香港、台湾など、エネルギッシュな街で非現実と開放感を味わった。でもそれは、ただの観光だ。

「ここも、あそこも！」と欲張って観光をし、もともと疲れやすい体質の僕はすぐに眠くなり、旅先で感じたことを深く考える余裕がなくなるのが常だった。

そこで、旅のスタイルを変えた。「観光をしない」ことにしたのだ。

ニューヨークへ行ってもダウンタウンや**マンハッタン**★には足を向けず、ホテルがある**ブルックリン**★周辺だけで過ごすと決め、朝はゆっくり起きてホテル近くに見つけたお気に入りのカフェへ行き、読書をし、ときどき仕事をする。眠くなったら、部屋に戻って昼寝をし、夕方には2時間ほどイーストリバー沿いを散歩する。

そんな毎日を旅先で過ごしながら、「この国で、この街で暮らすのはどうだろう? 移住できるだろうか?」と考える。

そして、言葉もろくに通じず、友だちや知り合いもいない異国の地で、孤独な時間を作って自分の心の声を聞くのだ。テーマは3つ。

- **やりたいこと**
- **なりたい自分**
- **欲しいもの**

スマホやPCから離れ、ペンと紙だけを持ってひたすら思いついたことを書き続け、少し頭を冷やしてから優先順位をつけていくと、次第に自分が求めていたものが見えてくるようになる。ときには、デジタルデトックスしてみることが必要だ。

★ **マンハッタン**
アメリカ合衆国ニューヨーク州ニューヨーク市にある5つの行政区のうちの1つ。ハドソン川河口部の中州であるマンハッタン島が大部分を占める。

★ **ブルックリン**
アメリカ合衆国ニューヨーク州ニューヨーク市にある5つの行政区のうちの1つ。ニューヨーク市の中では最も人口が多く、多様な民族と独自の芸術活動など、マンハッタン区とは異なる独自の文化と伝統がある地区。

一番初めに見つけた「自分が求めていたもの」は、意外な言葉だった。

「人に伝える」

なぜ、その言葉が頭から離れなかったのかというと……、それまで、本当の自分を隠して生きてきたからだ。ダサい自分、カッコ悪い自分、自分の本心さえもすべて隠し、本当の自分を誰にも伝えていなかった。

でも、それをさらけ出すことができれば、ダサい自分がバレることを恐れる必要もなくなる。自分の「弱点」が少しは減ると思えた。

- **幼稚園でいじめられたこと。**
- **幼少期はオネショ少年。**
- **20代後半まで吃音に悩んでいた過去。**
- **疲れやすい体質で、実は引きこもり願望があること。**
- **辛いことがあると、毎日「死にたい」と思っていた時期があったこと。**

今はもう会っていない小中学校時代の旧友にこの話をしたら、きっと目を丸くしてびっくりするだろう。ごく親しい友人にこの話をしたら、彼も、今まで心に抱えていた「苦悩」や「過去の辛い体験」を話してくれた。30歳を過ぎた男同士、大号泣だった。

素直に自分を出せばいい。「自分探しの旅」をして、最初に気づいたのがそのことだった。なぜ素直になれなかったのかというと、それまでの自分は他人の意見を自分の意見だと思い込み、みんなが理想としているものを、自分の理想にすり替えて「他人軸」で物事を考えていたからだ。

「フェラーリに乗りたい」「タワーマンションに住みたい」「海外で暮らしたい」と言う人がいる。

もちろん本当に好きで、本気でそれを目標としているなら構わない。けれども、「成功者がフェラーリに乗っているから、タワマンに住んでいるから」という理由でそれを目標にしているのだとしたら、虚しいことだ。

みんなが「カッコイイ」と思う理想像を目標にしても、自分が本当に望んでいることではないので、モチベーションは上がらない。目標設定が間違っているのに、結果を出せない自分に嫌気がさし、うつ状態になり、死にたいと思う。僕自身もそんな悪循環がずっと続いていた。

２０１７年の5月、深夜2時にニューヨークのイーストリバー沿いを散歩しながら、僕は、**中島美嘉**★の『僕が死のうと思ったのは』を聴いていた。孤独な時間の中でひたすらリピートして、１００回以上聴いていた。

５００万円の在庫を持ち逃げされた当時、実はビジネス用に借りた借金が一千万円以上あった。人生のどん底だったと思う。

死のうと思っているときは、生き直そうと思っているときだ。暗闇を抜ければ、きっと光がある。

そう思いながらニューヨークだけでなく、メキシコでもずっと聴いていた。

人生は一度きり。生きるとしたら、他人や情報に植え付けられた夢や妄想ではなく、自分軸で人生を生きて、自分の心と対話して、人生の真の目標を見つけて楽しみたいと思っている。

★　**中島美嘉**
日本の歌手・俳優・モデル・アーティスト。２００１年、テレビドラマで俳優デビュー。同年歌手デビュー。２００３年『雪の華』が大ヒット。２０１０年に両側耳管開放症の悪化のため、音楽活動休止。翌年復帰。『僕が死のうと思ったのは』は、２０１３年リリース。

大好きだった友人のルーツ探しにベトナムへ

ニューヨークのホテルでぼんやりと天井を見つめながら、「子どもの頃の自分はどんな大人になりたかったのだろう」と考えていると、懐かしい友の顔が浮かんだ。グエン。小中学校を共に過ごした**ベトナム**★人の同級生だ。

日本語はペラペラで、頭が良くて、絵が上手で、ギターの腕でもみんなから一目置かれる存在でありながら、誰に対しても優しい奴だった。そんな彼のことを、僕は「本当にすごい奴だ！　天才だ」とリスペクトしていた。

別々の高校に通うようになって会わなくなってしまったが、悩んだときは、「グエンならどうするだろう」と考えることもあったし、「なぜ、あんなに大人びていたのだろう？」と思い出すこともあった。

★　ベトナム
ベトナム社会主義共和国。国土は南北に長く、北は中華人民共和国、南はカンボジアと国境を接し、南シナ海に面する。首都はハノイ。最大の都市はホーチミン市。公用語はベトナム語。

グエンのルーツを知ることができれば、自分がグエンに憧れ、リスペクトしていた理由がわかるかもしれない。

そして、その理由がわかれば、「自分が何者なのか」少しわかるかもしれない。そう考えて、僕は自分探しの旅の目的地をベトナムに決めた。

首都・ハノイを訪れたのは、2018年2月だった。

ハノイ駅周辺には、1000年におよぶベトナム王朝時代の歴史が刻まれた世界遺産のタンロン城があり、その城下町として栄えた旧市街がある。

かと思えば、ノートルダム寺院によく似たハノイ大教会や、パリのオルセー駅をモデルに造られた中央郵便局など、フランス領時代の歴史的建造物もある。

古き良きアジアとヨーロッパの面影が残る街だが、何より驚かされたのは、やはり、街中を埋め尽くすように爆走するバイクと、クラクションの音だ。

そんな街中に、唐突にB52戦闘機の残骸が置かれていた。**ベトナム戦争**★（1964～1975年）中に撃墜された戦闘機が展示されている「B52戦勝博物館」である。

★　**ベトナム戦争**
1964年、社会主義陣営の北ベトナムと、資本主義陣営の南ベトナムとの間で勃発した戦争。南ベトナムの同盟国・アメリカは軍事介入を開始したが、北ベトナム軍を相手に苦戦。和平協定を結んで戦争から撤退することになり、1975年に北ベトナム軍が南ベトナムのサイゴン（現在のホーチミン市）を陥落させ、戦争が終結した。

博物館近くには、池に沈んだＢ52戦闘機がそのまま放置されている場所もあった。

その光景は、僕が海外で初めて見た戦争の現実だった。

グエンも僕も１９８４年生まれ。生まれる10年前までは、ベトナム戦争が続いていたわけである。

１９７５年のベトナム戦争終結前後、社会主義体制に移行したインドシナ3国（ベトナム・ラオス・カンボジア）からは、多くの人が迫害を恐れて国外に亡命した。陸路で隣国へ逃れた人々は「ランド・ピープル」と呼ばれ、ベトナムを中心に漁船や小さなボートで海を渡った人々は「ボート・ピープル」と呼ばれた。

日本では、１９７５年からベトナム難民を受け入れ、定住を許可したのは１９７８年。そんな事実を、僕はベトナムを旅して初めて知った。


グエンは日本で生まれたのか、ベトナム生まれなのか？　聞いたことがなかった。日本語がペラペラだったから、僕は勝手に日本生まれだと思っていた。

どちらにせよ、グエンの両親はベトナム戦争を経験しているはずだし、戦火を逃れて日本にやってきた可能性もある。

言葉もわからない国で家庭を築いていくことがどれだけ大変だっただろう。生きる苦しみや人の痛みが身に染みていれば、人に優しくなれるだろうし、いつ死ぬかわからない危機感が常に隣にあれば、毎日を大切に過ごすに違いない。

生き方は放り込まれた環境で変わってくる。そういえばグエンは、誰に対しても優しいだけでなく、時間の使い方がとても上手だった。何事にも一生懸命に取り組み、面倒なことも後回しにせず、すぐに実行するタイプだった。

平和ボケした日本に生まれて、小学生・中学生時代は、好きなことをして遊んでいて構わないと思っていた僕と比べたら、いろいろなことを考えて生きていたグエンが大人びて見えたのは当たり前のことだ。

グエンに比べたら随分遅いスタートだが、自分探しの旅にベトナムを選んだことは意義深かった。

「頑張れよ」とグエンに背中を押された気がした。そして、これから話すが、かけがえのない人生のパートナーに出会うことができた。

自分探しの旅で出会った、人生のパートナー

自分探しの旅では一つだけやることを決めて旅に出る。

たとえば、「今回のニューヨークはオーダーした折りたたみ式のロードバイク自転車で街を走ろう」とか、「アメリカの最南端・キーウエストを目指して、**セブンマイルブリッジ**★をドライブしよう」といった具合に。

ベトナムへの旅は、子ども時代の友人・グエンのルーツを探すことが目的だった。ところがこのときは、観光地も訪ねてみようと思い立ち、人気の世界遺産ツアー「ハロン湾クルーズ」を予約した。

ハロン湾はベトナム北部にあるカルスト地形の入り組んだ湾で、エメラルド色の美しい海に大小2000もの島や鍾乳洞などが点在する景勝地だ。

★ **セブンマイルブリッジ**
アメリカのフロリダ州にある全長6765マイルの橋。フロリダキーズ諸島の島々を結ぶオーバーシーズハイウェイの中で、最も長い橋。

ハノイからバスで約3時間かけてトゥアンチャウ港に到着し、クルーズ船に乗り込むと、スタッフが「アジア系の人はこちら」「ヨーロッパ系の人はここ」と手際よく観光客を船内のテーブルに案内していた。

まだテーブルに空きがあったので、スタッフが港へ客を呼び込みに行き、しばらくして韓国から観光に来た親子連れ三人が乗り込んできた。

アジア組テーブルの空きは2席だけ。一人で参加していた僕は「Please move」と言われ、ヨーロッパ組のテーブルに移ることになった。そこで隣の席に座っていたのが、やはり一人でツアーに参加していたロシア人の女性だった。

ハロン湾の絶景を楽しみながら地元で獲れるカブトガニなどの海鮮料理を堪能した後は、**カヤック**★やボートで湾を巡るという趣向のツアーだったので、食事の後で彼女が言った。「一緒にカヤックに乗りませんか?」。

一人でツアーに参加しているのは僕と彼女だけだったので、「OK!」と僕も答えた。

二人乗りカヤックの前方に彼女、後方に僕が乗り、最初は順調に進んでいるように

★ **カヤック**
カヤックはアラスカの原住民やイヌイット、エスキモーが狩りに使用していた船を発展させたもの。スピードを出しやすい形になっているのが特徴で、着座スペース以外はクローズドデッキで水が船内に入りにくく、パドルの両側にブレード（水かき）が付いた「ダブルパドル」になっている。カヌーと混同しがちだが、カヌーは荷物を運ぶための船だったのでオープンデッキ。パドルは片側にブレードがついた「シングルパドル」。

思えたが、すぐに腕がパンパンになった。

彼女も懸命にパドルを動かしていたが、僕が手を止めるとカヤックが止まってしまうのが不思議だった。初対面の人に「ちゃんと漕いでいますか?」と聞くこともできず、僕は黙々とカヤックを漕いでいた。たぶん、格好をつけたかったのだと思う。


カヤックを降り、島を散策しながら、「どこから来たのか?」「どんな仕事をしているのか?」といった一般的な質問を交わした。

僕は、「東京から来ました。輸入の仕事をしているので年の半分は海外で生活しています。あと、ビジネスを始めたい人向けにコンサルティングもやっています。」といった自己紹介をした。

彼女は、「ロシアで生まれたが今はドバイに住んでいて、不動産売買の仕事をしている。休みが取れたのでロシアにいる母親にエアチケットを送り、**プーケット**★でバカンスを楽しもうと招待した。自分も明日の朝の便でプーケットへ行く。5つ星ホテルに10日ほど泊まる」と言っていた。

年齢は僕より3つ下なのに、こんなに贅沢な海外旅行を母親にプレゼントするなん

★ **プーケット**
タイ王国南部にあるタイ最大の島で、タイ国内では唯一、大陸ではなく島に設置された県(行政区。1980年代以降、世界的な観光地として人気がある)。

て、親孝行な女性だなぁ！と驚かされた。

ハロン湾クルーズが終わる頃、アドレスを交換し、「日本に来ることがあったら、連絡をください」「ドバイに来ることがあったら、連絡をください」と、お互いに社交辞令のような挨拶を交わした。

ところがそのとき、「ドバイにはすぐに行けるじゃないか」と思った。なぜなら、僕はすでにインド行きのチケットを持っていたからだ。

手元にあるチケットがもしもアメリカ行きだったら、たぶん、彼女に連絡をすることはなかったと思う。

しかし、ドバイはインドの隣だ。２、３時間のフライトで着いてしまう。すでにインド行きのチケットを持っていたことは何か特別な理由があるように思えて、僕はインドからドバイに行き、彼女に連絡を取った。

これを、「運命」というのかもしれない。

ロシア人の彼女に教えられた、「自分の生き方」

ベトナムのハロン湾クルーズで出会ってから約1カ月後、僕はドバイで、ロシア人の彼女と再会することになった。

ドバイのセレブを相手に不動産売買をしているのだから、きっとやり手だろうし、リッチな生活をしているのだろうと想像していた。

ところが、実際の彼女はまったく違っていた。これまでの人生を聞いて驚いた。

彼女が生まれたのは1987年。4歳で**ソビエト連邦**★が崩壊(1991年)し、その後は急激な経済改革でハイパーインフレが起こり、銀行預金が紙切れ同然になる経験をしてきたという。畑を耕し、自給自足で日々の暮らしを凌いできたそうだ。

今でこそ不動産の売買の仕事をしているが、そもそもドバイに来たのは、ロシアで

★ **ソビエト連邦**
1922年から1991年まで存在した社会主義国家。正式な国家名は、ソビエト社会主義共和国連邦。首都はモスクワ。略称はソ連。

仕事がまったく見つからなかったからだった。つまり彼女は、ドバイに出稼ぎに来たのだ。

最初の仕事はホテルの清掃。宿と飯付きで、月収5万円。日本で生活が苦しいと感じていても、20代の女性が果たしてこの条件で出稼ぎに行くだろうか。

彼女はそのホテルで3、4年下働きをしてから、イラン系の石油会社に転職した。ドバイでハイクラスの企業に就職するには、アラビア語が話せたほうが有利なので、履歴書に「ロシア語、英語、スペイン語、フランス語、アラビア語が話せる」と書いて面接まで漕ぎ着け、猛アピールして入社したらしい。

「実際には、アラビア語は挨拶程度しかできなかったけどね。あまり必要なかったみたいで、本当にラッキーだったわ」と笑っていたが、ものすごいガッツだと思う。

石油会社に転職して、月収はホテル清掃時代の5万円から、一気に30万円程度に跳ね上がった。その後不動産会社に転職し、月収はさらに倍以上になったという。

収入が増えれば生活水準も上がる。ドバイには世界のハイブランドが並ぶショッピングモールもあるし、おしゃれなレストランも多い。

彼女も、家賃10万円以上するマンションに住み、ブランド品を買う浪費生活を1、2年していたそうだ。

でも、僕が出会ったときの彼女は、10畳ほどのワンルームをカーテンで仕切り、フィリピン、エジプト人女性たちと3人でシェアしていた。

「こんな狭い部屋に住んでいるのは恥ずかしいから見せたくなかった。でも、浪費をするためにドバイに来たわけじゃない。お金を貯めなくちゃ」

そう話していた彼女はドバイで10年近く働き、ロシアに帰る頃にはロシアに2軒の投資用のマンション（合計1000万円）を所有していた。

普段は質素に暮らしているが、母親にリッチな旅行をプレゼントするなど、お金を使うときは使うメリハリが利いた考え方に好感が持てた。そして何より、「一人旅が好きだ」というところが僕と似ていた。

自分が住んでいる国が崩壊する？　銀行預金が紙切れ同然になる!?　僕には想像できないような経験をし、それを自力で乗り越えてきた彼女は、「どんなことがあっても生きていけるように資産は不動産にして、自給自足できる環境で暮らす」という考えを持っていた。

それを聞いて、僕自身はどんな生き方をしたいのか、自問自答することになった。

僕は、ドバイにそれほど魅力を感じてこなかった。貪欲に豊かさを享受していく超リッチな生活は、のんびり屋の僕には性格的に向いていないと思っていたからだ。むしろ、ロシアの厳しい時代を生き抜いてきた彼女の考え方の方が、僕にはしっくりきた。

旅をするようになって、僕は日本の良さを再認識した。フィリピンに語学留学したときも思ったが、海外に出稼ぎに行かなくてもいい、勇気を出して、リスクを取れれば自分のやりたいことにも挑戦できる日本に生まれたことは、奇跡的に運がいいことなのだと感謝している。

10年以上悩まされたメンタル不調が、バターコーヒーで解決

サラリーマン時代から、僕はかなりメンタルをやられていた。疲れやすく、すぐに眠くなってしまい、うつっぽくなるといった症状が10年以上続いていて、いつも頭にモヤがかかったような状態だった。

原因はストレス。そう考えていたので、自由になろうとサラリーマンを辞め、起業した。商品のすり替え詐欺に遭い、倉庫に保管してあった商品を盗まれるなどのトラブルもあったが、その後は仕事をシステム化して軌道に乗せ、売り上げも順調に伸びていた。

にもかかわらず、机に向かうと眠くなり、人に会うだけで疲れ果て、やがてまともに仕事ができなくなった。そんな状態が一年とちょっと続き、僕はうつ状態から抜け出すために、もがき続けていた。たとえば、こんな感じだ。

●仕事ができないので、ネットで映画を観続ける。
●うつ状態脱出のためにサーフィンに挑戦する。
●うつ状態脱出のために、スピリチュアル系のセッションを受けてみる。

スピリチュアル系のセッションでは、「森さんは前世で悪いことをたくさんしたので、今世で疲れ、うつ状態になっている」と言われ、治療のためにお金を注ぎ込んだ。今なら、そんなバカなことはあり得ないと思うが、当時はまさに、「藁をもつかむ」状態だったのだと思う。気が弱くなると、ロクなことがない。

食事療法も試し、ニンジンジュースがいいと聞けば、毎朝ニンジンを絞って飲み、運動もするようにした。でも、体調はなかなか良くならなかった。

そんな悩みを一気に解決してくれたのが、ニューヨークに１カ月ほど滞在していた２０１８年に出合った「バターコーヒー」だ。

その日は、１カ月のニューヨーク滞在中で、ロングアイランドシティに倉庫を持つ取引先を訪ねていた。

ユダヤ系アメリカ人のオーナーと話をしていると、コーヒーのいい香りが漂ってきた。「Drinking Black coffee?」と聞くと、彼は「バターコーヒーだ。これを飲むと、脳がフル回転するよ」と無敵の微笑みを浮かべながら教えてくれた。

確かに彼は仕事が速い。利益もフル回転で上げている。さっそくオーガニック系の高級スーパーで「バターコーヒー」を購入して飲んでみると、手応えがあった。

帰国後、バターコーヒーや**ＭＣＴオイル**★の健康効果に関する本を読みあさり、自分で作ってみた。良質の**オーガニックコーヒー**★に**グラスフェッドバター**★とＭＣＴオイルを入れて、ブレンダーで撹拌するだけだが、飲むとすぐに力がみなぎり、眠気が吹き飛び、仕事に集中できる。頭にかかっていたモヤも消えていた。

本を読んでわかったことだが、どうやら僕は「うつ病」ではなく、「低血糖」が原因で強い慢性疲労を感じていたようだった。

食後に血糖値が急上昇と急降下を繰り返す「血糖値スパイク」は、自律神経のバラ

★ **ＭＣＴオイル**
ココナッツ油やパーム油に含まれる「中鎖脂肪酸」だけを取り出した食用油。一般的な食用油に多く含まれる「長鎖脂肪酸」は、体内に脂肪として蓄積され、消費に時間がかかる。一方、「中鎖脂肪酸」は水に溶けやすく体内に蓄積されない特徴があるため、ダイエット効果が期待され、糖質の代わりに脳のエネルギーになると注目されている。

★ **オーガニックコーヒー**
農薬を使わずに栽培されたコーヒーのこと。

★ **グラスフェッドバター**
牧草だけを食べて育った牛のミルクから作られたバター。

ンスを崩し、心の病に直結するという。とくに低血糖になると、脳のエネルギー源であるブドウ糖不足の状態になるために集中力がなくなり、疲れやすくなり、イライラし、眠くなるのだそうだ。

血糖値スパイクを防ぐためのポイントは、次の2点。

●原因となる糖質（炭水化物★やジャンクフード★）を減らす。

●エネルギー源として良質の油脂（グラスフェッドバター、ＭＣＴオイル）を摂る。

つまり、糖質を含まず、良質の油脂が使われているバターコーヒーは、僕のように低血糖体質の人間には、非常に適した飲み物だというわけである。

10年以上「うつ病かも」と悩んできたので、「低血糖症」だとわかったときは、拍子抜けした。でも、薬に頼る前にわかったことは、良かったと思っている。

バターコーヒーのおかげで僕の体調はすっかり良くなった。紹介した友人も、「毎日飲んでいるよ。パワーが出る」と喜んでくれている。もちろん個人差はある。

これもまた、自分探しの旅で見つけた大きな収穫だ。

★　炭水化物
糖質（米、パン類、うどん、パスタ、菓子類、いも類など）と食物繊維を（穀類、いも類、豆類、きのこ類、海藻類など）合わせた総称。

★　ジャンクフード
高糖質、高脂質、高塩分で栄養価がほとんどない調理済み食品やスナック菓子、清涼飲料水など。「ジャンク」とは、英語で「ガラクタ」「クズ」の意味。

自分探しの旅と「人間関係リセット症候群」

「自分探しの旅」を始める少し前、僕は人間関係について悩んでいた。

会社も辞めたことだし、不遜な言い方だが、何となく付き合っている人間関係なら整理したほうがいいと思うようになり、悩んだ末にバッサリ整理した。

それから2年が経った頃だった。「人間関係リセット症候群」という言葉を知った。人間関係に疲れ、ある日突然、人間関係をバッサリ切りたい衝動に駆られて、実際にリセットしてしまうことだそうである。

「エッ！　少し前の自分じゃないか!!」と思った。リセットが癖になると人間関係がうまく築けなくなるというが、人生、リセットが必要なときもあると思う。

ちなみにどんな人がなりやすいのかというと……、

①人に合わせるタイプ
②完璧主義者
③人目を気にする性格

などだそうで、確かに①と③は自分に当てはまっていた。

「人に合わせるタイプ」

サラリーマン時代、「いい人そう」なイメージが定着していた僕は、「頼まれごと」が多かった。僕自身は、自分にできることがあれば力になりたいと思うタイプだが、頼めば何でもやってくれると認識すると、ガンガン頼みごとをしてきて感謝など微塵もない人には、不快な思いをさせられることが度々あった。

「人目を気にする性格」

すでに紹介したが、僕は幼稚園のときにいじめられた経験から、人前で話すのが苦手になり、20代後半まで吃音に悩んでいた。

だから、人目をすごく気にしていたし、誰にも本音を話せなかった。本音を話せなかったということは、本当の友だちがいなかったということだ。そう納得し、僕は、サラリーマン時代までの人間関係をリセットした。

リセットしたことで、一時的に学生時代からの友人はゼロになり、親姉弟以外に仲がいい人間はいなくなった。それはそれで寂しかったが、その後の人間関係は、すべて本音で話しながら作り上げてきたものだ。

昔の自分だったら考えられないが、心から信頼できる親友や仕事関係の人、コンサルティングをしているクライアントさんたちと一緒に海外旅行を楽しみ、将来について本音で語り合うことができるようになった。

なかでも心強い存在が、起業したときからお世話になっている税理士さんだ。彼とは年も近く僕が駆け出しの頃は彼もまだ新人で、お互いに苦労をしていた。やがて二人とも成長し、大きな仕事ができるようになり、喜びを分かち合い、今がある。ビジネスだけでなく、プライベートの深いことまで共感でき、話し合える。本当にかけがえのない存在だと思う。

もう一人の心強い存在は、ロシア人の妻。ロシアは本音の国。日本のように本音と建前があるわけではなく、みんなストレートに本音で話すことが多い。

昔に比べたら本音を話しているつもりでも、まだまだ妻からは、「それを話さないで結婚生活がうまくいくわけがないでしょう！」と、言われることが多い。

愛想笑いをして、人に合わせて、自分の気持ちを隠して生きても、本当に意味がある人生は手に入らない。

自分の心の声を聞いて、自分の本音をぶつけていくことで、相手も本音を返してくれる。30代のうちに何のストレスもない、豊かな人間関係を築けたことは、これからの人生をより豊かにしてくれるベースになると思っている。

自分探しをするなら、人間関係も一度は見直してみるべきだと思う。

不要なモノを捨て、必要なモノを選び取るのが自分探し

サラリーマン時代の僕は、ネット通販中毒だった。

年間180回(月平均15回)の購入記録があるほどで、PC周辺機器や本はもちろん、サプリメント、食品まで、あらゆるモノをネット通販で調達していた。

起業してからは海外で仕入れた商材をAmazonで販売していたので、「今、何が売れているのか」をチェックしながら、「あれも、これも」と購入し、使わないままお蔵入りするモノがさらに増えていった。


そして、不要なモノが部屋を占領するようになると、「何で無駄なモノを買ってしまったのだ」「まだ使えるのにもったいない」と心を痛めながら、ようやく捨てる。

買うのは得意だが、とにかく捨てるのは苦手なタイプだった。

そんな僕が、自分探しの旅を始めてからあまり買い物をしなくなった。

一年の半分は海外にいるので買い物をする時間がなくなったこともあるが、旅に出てから「モノがない環境のほうが集中して考えられる」と気づいたからだ。

モノを捨てると、「自分の価値観が見直せる、ストレスが減る、時間にゆとりができる、運気が上がる」と言われていることはもちろん知っていた。

以前は「そんなものなのか？」と半信半疑だったが、旅で実感したことを実践してみようと自分の部屋の不要なモノを捨てまくり、ベッドも捨てて寝袋で寝るほどミニマムな生活を徹底してみた。すると、本当に集中力の質が変わってきたことが自分でもわかるようになった。

「愛着のあるモノ、思い出が詰まっているモノが部屋の中にたくさんあると、目に入ったときに、無意識レベルで昔の記憶や思い出に浸ってしまうことがあるから、気が散って仕事のパフォーマンスが下がる」と教えてくれた人がいたが、なるほど、そういうことだったのかと納得できた。

必要最低限のモノさえあれば生活ができるとわかってからは、旅をするときの荷物も圧倒的に少なくなった。

ニューヨーク、ドバイ、インドであっても、予定が一カ月でも三カ月でも、バックパック一つ。そのほうが移動するときもラクだし、スリや置き引きに狙われるリスクも格段に減る。

結婚してロシアに引っ越して来たときも、新しい家族へのお土産を別にすれば、僕の荷物はバックパック一つ。パソコン、スマホ、イヤフォン、充電器、髭剃り、サプリメント、わずかな服を入れてきただけだった。

さすがにマイナス20度以下になる極寒のロシアなので、**厚手のコート**★とブーツは購入したが、それ以外はほとんど自分のものは購入していない（僕がロシアへ来た当時はネット通販が普及していなかったということも大きいが……）。

ロシアでは、室内は暖房が効いていて暖かいので半袖で過ごせる。清潔であればTシャツで十分だと思うようになり、今では仕事でクライアントさんに会うときも、

★ **厚手のコート**
ロシアでは扉や壁から釘の先が飛び出ていたり、フェンスの角が鋭い状態だったりする。そのため、極寒用のダウンコートをよく引っかけ、何ヶ所も穴が開いたので、黒い補修テープをペ

YouTubeを撮影しているときも、同じ格好をしている。

ときどき、僕のYouTubeを見たという人から、連絡をもらうことがある。先日も、ロシア人の彼女がいるという日本人の男性が、「ロシアへの移住を考えているのですが相談に乗ってもらえませんか？」と**カザン**★まで訪ねてきてくれた。

クライアントさんからも、会いにきてくれたYouTube視聴者さんからも、いつも同じことを言われる。

「森さん、映像そのままですね！」と。そう言われるのは、何だか嬉しい。

自分探しの旅とは、自分にとって不要なモノを捨てながら、必要なモノを選び取っていく旅だったのだと思う。

旅に出たおかげでロシア人の女性と結婚し、二人の子どもができた。家族というかけがえのない宝物を得られたことを、心から幸せだと思っている。

タペタと貼り、補修している。YouTube動画ではわからないかもしれないが……。ある日、ボロボロのコートを着ていたせいで、町で警察に職質をされ、パスポートを見せて驚かれた。「日本人が何でこんな恰好をしているんだ!?」こんなことがあってからは、街を歩くたびに職質をされてはたまったものじゃないと思い、そのコートを捨てて、新しいコートを新調した。すぐに穴が開いてしまったので、補修テープで直したのだが、なぜか最近はほとんど警察から職質をされなくなった。

★ **カザン**
ロシア連邦を構成する21の共和国の1つ、タタールスタン共和国の首都。

COLUMN 2

収入と支出

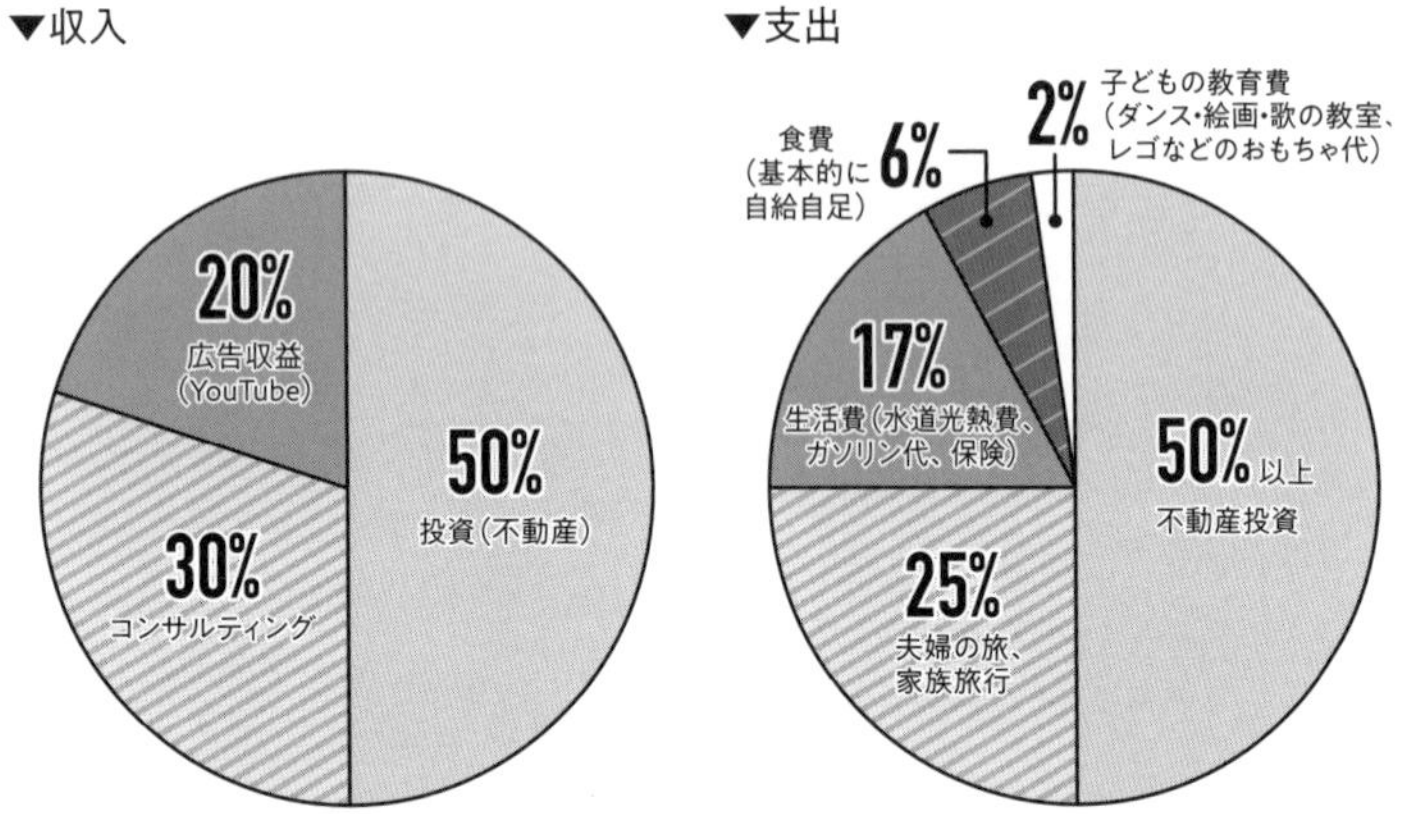

ロシアに移住した当初、妻は不動産を2棟所有していた。古い集合住宅の「フルシチョフカ」を売り、新築マンションで賃貸収入を得ながら売買を繰り返して僕たちが住む一戸建てを購入した。ロシアではこの20年で不動産価格が5倍に高騰しているので、妻が不動産を持っていたことはラッキーだった。現在の収入源は投資が中心。外国人も不動産を所有はできるが、ロシア国籍の家族がいない場合は簡単に購入できない。僕の場合は、日本国籍でロシア永住権。

子どもたちに無農薬で美味しいものを食べさせるために菜園でオーガニック野菜を育てているので、食費はかからない。ただし、4月の種まきから11月の収穫、保存食作りまで休む暇がないほど大変だ。近くの牧場で分けてもらった牛糞を乾燥させて袋に詰め、愛車・フォレスターで運ぶのも、僕たちの仕事だ（笑）。衣類は100円か、200円の古着を購入し、子どもたちも親戚や近所の人たちから譲られた「お下がり」を着ている。8時から17時まであずかってくれる幼稚園は無料で、食費（3食）が月に4000円程度。医療費も無料なので、生活費は日本に比べたらかなり安く済んでいる。

第3章
暮らすように
世界を旅して

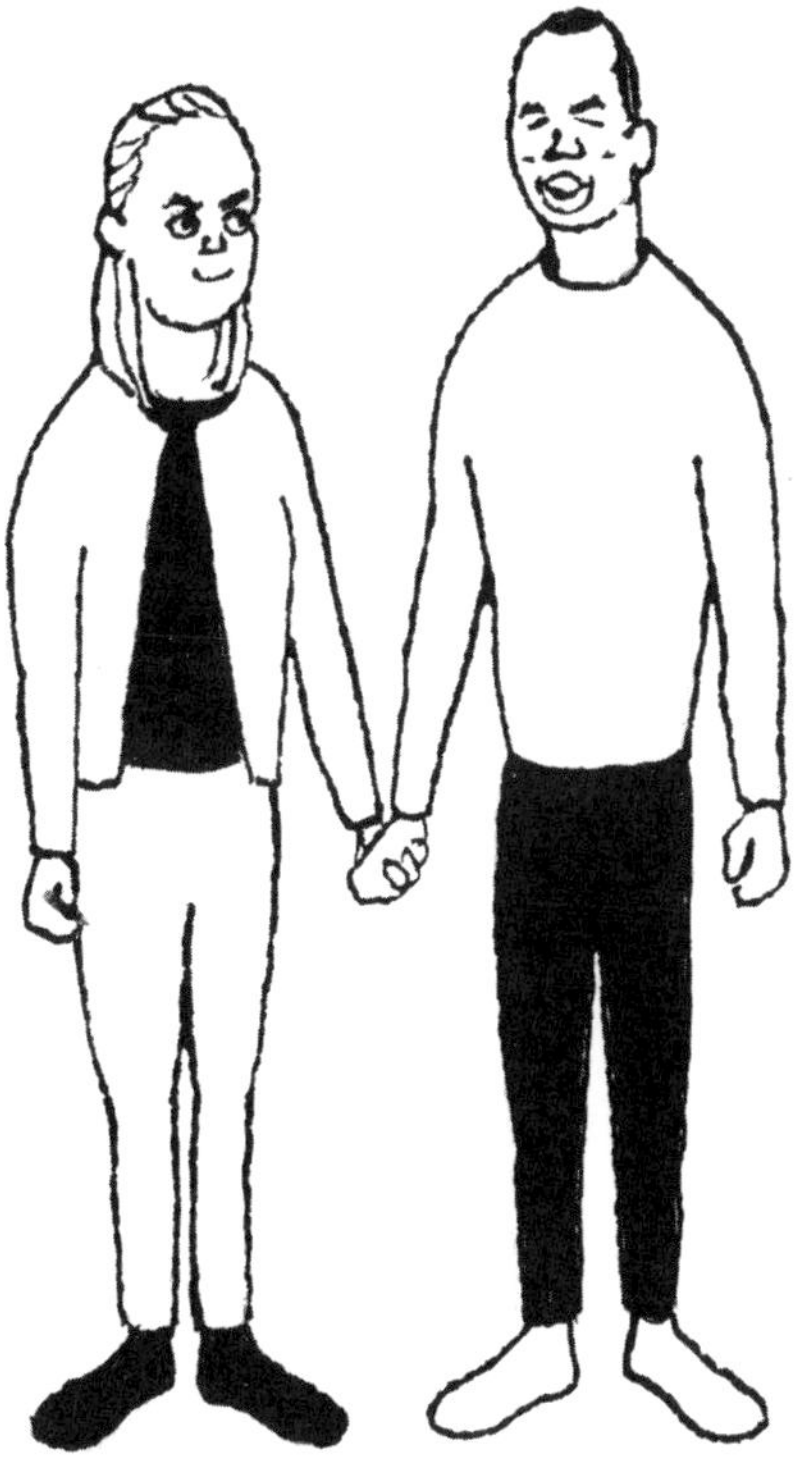

ニューヨークで過ごした映画のような一カ月

「世界中で一番好きな場所は？」と聞かれたら、僕は迷わず「ニューヨーク」と答える。日本とはまったく違う街並みが刺激的だし、人種のるつぼと呼ばれる街からは、さまざまな言語が音楽のように聞こえてくるからだ。

その中にいることで自分の固定観念が外れ、「正解は一つではない」と思えるようになり、いつもと違う自分を発見することができる。

暮らすように世界中を旅しようと決めたとき、ニューヨークで映画のような一カ月を過ごしてみようと思った。

毎朝8時頃に起きて、30分ほど歩いて行きつけのカフェに行く。

途中にある中国人が経営するベジタブルショップで、緑と黄色の髪をしたファンキーな女の子にその日おすすめのフレッシュ野菜や果物をコールドプレスしてジュースを作ってもらう。

「ヘイ！　ショウゴ、グッドモーニング」と、渡されたジュースを飲みながら、「今日は何をしようか」と考え、思っていることをひたすら喋って録音する。

そしてカフェに着いたら、すぐさまパソコンを広げ、歩いているときに思いついたアイデアをもとに、2〜3時間で仕事を仕上げる。

歩きながらアイデアを録音するなんて、日本では恥ずかしくてとてもできないが、ニューヨークならOKだ。

歩きながらラップを口ずさんでいる人や、ノリノリのダンスミュージックを歌いながら歩いている人も普通にいるので、まったく気にならない。

しかも、歩きながらのアイデア出しは、机に向かって絞り出すアイデア出しより、間違いなく、いいアイデアが浮かんでくる。一カ月、毎日やったら、確実に脳が柔らかくなると思うのだが……。

仕事を終えたら、ランチだ。物価が高いニューヨークでも比較的安くて美味しいのが、メキシコ料理、キューバ料理、インド料理、アラブ料理などで、以前は、肉料理+ライス&豆ソースが7ドルくらいで食べられた。

ランチの後は、気分転換に散歩。

ニューヨークの魅力は、大都会でありながら、リラックスできる公園や自然が多い点だと思う。

なかでも、ブルックリンからダウンタウンのマンハッタン側を眺められるイーストリバー沿いの散歩コースは、夕景も夜景も美しく、いつまでいても飽きることがない。仕事をするにも、読書をするにも、いい場所だ。

夕方5時頃にステイ先に戻ったら、少し仮眠をとり、メールチェックやブログチェックをする。その後は映画やニュースを観ながら軽く果物などを食べ、2日に1回は、近くの公園で筋トレをする。

夜の公園では、ファンキーな黒人たちが音楽を流し、ラップを歌っているので、リズミカルに筋トレができる。

こんな感じで過ごしていたニューヨーク一カ月の生活費はというと……。

●宿泊費　一カ月　１２００ドル　Airbnb（民泊）トイレ、バス共用
●食費　一カ月　６００ドル　一日　約20ドル
（コーヒー・野菜ジュース／7ドル、ランチ8ドル／果物5ドルなど）
●交通費・その他　一カ月　２００ドル
合計２０００ドル（約30万円）

コロナ禍★を経て物価がさらに上がっているので、現在ニューヨークで一カ月ステイするなら、かなり安い民泊を探しても、40万円はかかってしまうかもしれない。

家族でニューヨークに住むとなったら、安全な場所にマンションを探さなければいけないので、さらにお金がかかる。だから、残念だが住むのは無理だ。

でも、ネットを使ったビジネスをしているなら、どこでも仕事はできる。世界中を暮らすように旅して、自分が一番心地良くいられる場所を探してみるといいと思う。

人生は一度きりだから。

★　**コロナ禍**
２０１９年12月、中国の武漢市衛生当局が原因不明の肺炎の発生を発表。２０２０年1月、ＷＨＯ（世界保健機関）が新型コロナウイルス検出。その後、「国際的な緊急事態（パンデミック）」を宣言。２０２３年5月、ＷＨＯが「国際的に懸念される公衆衛生上の緊急事態を終了する」と発表。

世界一富裕層が集まる場所でも、街歩きが楽しめないドバイ

アラブ首長国連邦（ＵＡＥ）のドバイといえば、世界一高いビル「**ブルジュ・ハリファ**★」をはじめとする高層ビルが立ち並び、世界の富裕層が集まることで知られている。なぜ、富裕層が集まるのかというと、世界有数の「タックスヘイブン（所得税や法人税などが限りなくゼロに近い地域）」だから。

★ **ブルジュ・ハリファ**
２００４年に着工した後、２０１０年に開業したドバイに現存する、世界で最も高い建造物。全長８２９・８ｍ。１６３階まであり、ファッションブランド、アルマーニが運営するアルマーニ・ホテルのほか、居住区、オフィス、レストラン、展望台などがある。

とはいえ、１９７１年に独立するまでは砂漠地帯だったので、歴史を感じられる建造物はまったくない。人工島に建築されたリゾートがあるだけなので、自然もない、街に面白みがない。これが、ドバイの弱点だ。

しかも3～10月は暑く、真夏は体感温度が50度を超えて湿度も高いので、冷房が効いた室内にいるしかない。そんなわけで僕は、ドバイに行くとホテルで缶詰になって

仕事をしているか、現地のアラブ人に混じってカフェで仕事をすることが多くなる。

結婚する前は彼女がドバイで仕事をしていたので、僕は年に4、5回はドバイに行き、一カ月ほどステイしていた。そこで思ったのが、「散歩は大事！」ということだ。

旅の楽しみは、落ち着けるカフェを見つけてゆっくりお茶を飲んだり仕事をして過ごすとか、何の目的もなく街を散策して写真を撮ったり、沈んでいく夕陽を眺めながら変わりゆく景色を楽しむ、なんてところにあるのだと思っていた。ところがドバイは、どこを見ても同じような風景なので街歩きが楽しめない。そもそも、この国は車社会だ。散歩ができない＝ストレスになるということを、僕は初めて実感した。

街歩きが楽しめないドバイで将来暮らせるだろうか？　う〜ん、難しい。

当時、ドバイで暮らしていた僕の彼女も、「ドバイは何もやることがないので、一年のうち300日はジムに通っている」と言っていた。

本当にそう思っている人が多いらしく、フィットネスジムは大盛況。ニューヨーク同様、マッチョな筋肉自慢がたくさん通っている。

そんなドバイだが、料理は何を食べても美味しい。

レバノン料理、トルコ料理、シリア料理、ヨルダン料理、イラン料理、サウジアラビア料理など、微妙にスパイスの使い方が違う美味しい料理がたくさんある。

なかでも、レバノン料理がかなり洗練されていて、マグロのたたきを思わせる「羊の生肉」や「ケバブ」などは、日本人の口にも合うと思う。

もう一つドバイの良さを挙げるなら、レストランもホテルもビーチも、綺麗に掃除されていてゴミがほとんどないことと、日本以上に治安が良いことだ。

ただし、ドバイは格差社会。ドバイの人口の10%程度を占める現地で生まれた大金持ちや白人富裕層は南側に住み、人口の90%を占めるインド、パキスタン、フィリピン、エジプト、アフリカなどからの**出稼ぎ労働者**★は**北側**★に住んでいる。

出稼ぎ労働者でも、出世しやすいのは白人（ロシア、ウクライナを含む）と言われており、お金がないから、生活が苦しいからといって、薬物犯罪や暴力犯罪を犯したら、即刻国外退去。二度とドバイに入国できないというルールがある。だから、犯罪が少ない。なかなか合理的な考え方だ。

★ **出稼ぎ労働者**
コロナ禍以降、コストダウンを図るドバイの多くの企業が人件費のかかるヨーロッパ人をハイポジションから排除しはじめ、労働人口の分布が大きく変わった。ヨーロッパ人を雇う余裕がなくなり、高い能力のアジア人、アラブ人たちを半額以下の給与で雇えることになった。企業としては大歓迎だろう。

★ **北側**
北側の街、シャルジャ、ドバイの旧市街のエリアはゴミが落ちていて、お世辞にも綺麗とは言えない。

２０２４年の年末、僕たち家族が住むロシアのカザンが、無人機による攻撃を受けた。火災や停電が起こり、外出が危険な状態になったため、ドバイのホテルに緊急避難した。２週間ほどの滞在だったが、そのときに利用したタクシーのドライバーも、出稼ぎに来ているパキスタン人だった。

一日12時間、週６日働いて、給料はようやく１０００ドル、日本円で15万円程度。基本給は５万円程度の歩合制なので、走り続けなければ給料は上がらない。10畳ほどの部屋に２段ベッドが16個というぎゅうぎゅう詰めの部屋で寝泊まりし、家賃３万円。食費に２万円。残りの10万円は、本国の家族をサポートするために仕送りをしている。それでも、「パキスタンには仕事がないから、ドバイで仕事ができるのはありがたい」と彼は言っていた。

語学留学していたフィリピンでも、同じような話を聞いた。あれからもう10年近く経つというのに、出稼ぎ労働者たちの生活は依然として厳しい。彼らの努力と苦労が報われることを祈るばかりだ。

妻も出稼ぎ経験者だったからこそ、強くそう感じる。

自分の成長を教えてくれたスウェーデンの「地下鉄アート」

僕がまだサラリーマンだった頃、たまたま通った東京駅の通路に、ゴツゴツした岩肌の洞窟に青い絵が描かれた一枚の写真が飾られていた。

「どこかの洞窟かな？」と思って説明文を読んでみると、スウェーデンの首都、ストックホルムの「**T－セントラーレン駅**★」の写真だった。なんと、洞窟に駅があるのだ！

しかもストックホルムには、洞窟の天井や壁面に独創的なアートが描かれた地下鉄の駅が約１００もあると紹介されていて驚いた。

実際に見てみたいと思った。しかし、しがないサラリーマンが欧米へ海外旅行ができるのは数年に一度程度。しかも北欧はかなり遠い。無理かなと思っていた。

それから数年後、サラリーマンを辞めて自分でビジネスを始めていた僕は、再び東

★ **T－セントラーレン駅**
スウェーデンのストックホルムにある地下鉄中央駅。この駅を中心に、ストックホルム市内を結ぶ地下鉄約１００駅の岩肌にアートが描かれており、「世界一長い美術館」と呼ばれている。

京駅の同じ場所で、ストックホルムの地下鉄の写真に遭遇した。
今なら何の迷いもなく行ける。「自由になったな」と、自分の成長を噛み締めた。そして自宅に戻り、その日のうちにストックホルム行きのチケットを予約した。

ストックホルムに到着した翌日、最初に向かったのは東京駅の写真で見た「Ｔ－セントラーレン駅」。むき出しの岩肌に青い花や葉が描かれ、青の洞窟を思わせた。かと思えば、赤い洞窟のような駅もあるし、モザイク柄の駅、ポップアートの駅もある。洞窟という自然と、アートを楽しむ心が、こんな地下鉄を作らせるのだろう。

そういえば、スウェーデンは「ＩＫＥＡ★」や「Ｈ＆Ｍ★」、「ボルボ★」などの洗練されたブランドも多いが、「森と湖の国」と言われるほど自然も豊かだ。

Airbnbで予約した北欧らしいシンプルな部屋に一カ月ステイしながら、メーラレン湖がある田舎町にも足を伸ばして、自然を満喫した。

スウェーデンでの最終日、空港へ向かう途中で、テスラの「Model S」に遭遇した。「テスラ」といえば、今では知らない人はいないだろう。あのイーロン・マスクが率

★　ＩＫＥＡ
１９４３年にスウェーデンで誕生したオランダに本社を置く家具メーカー。

★　Ｈ＆Ｍ
１９４７年にスウェーデンで誕生し、世界展開しているアパレルメーカー。正式名称は「エイチ・アンド・エム・ヘネス・アンド・マウリッツ」。

★　ボルボ
上質な鉄鋼の生産国であるスウェーデンで、ボールベアリングの製造会社が１９２０年代に開発した車がボルボ。軍用機を製造していた会社が１９４０年代に手掛けた車がサーブ。ともに、安全性が高く質実剛健なイメージをもつ車として人気がある。

いるアメリカの電気自動車メーカーだ。

なかでも「Model S」は、停止した状態から100㎞／hまで、わずか3秒で加速してしまうすごい車で、日本が誇る「日産GT－R」と同じくらい速い（一般的な乗用車の場合は、10秒前後かかる）。

しかも、「日産GT－R」は大きなエンジン音がするが、テスラの「Model S」は、電気モーターなので、音がしない。アクセルを全開にして踏むと、まるでジェットコースターのように加速してシートに身体が押し付けられ、凄まじいG（重力加速度）を経験する。そんなすごい車が、スウェーデンではタクシーに使われているのだ！

写真に撮ろうと思って近づくと、タクシードライバーが言った。

「興味があるなら、乗っていかないか？」

ストックホルム市内から、ストックホルム・アーランダ空港までは、電車で約20分。タクシーで約40分。時間も金額も、タクシーの方が倍以上かかる。電車の駅が目と鼻の先だったので迷ったが、経験を買うことにした。

乗り心地は、最高。「この車を毎日運転できるなら、タクシードライバーになってもいいなぁ」と思ってしまうほど、気持ちが良かった。

イラクのバグダッド出身だというタクシードライバーは、７年前にスウェーデンに来て、職を得たという。ちなみに、テスラ歴は２年。

イラク人に会ったのは初めてだった。空港に着くまでの間、お互いの国や家族のことについて話した。

「イラクには帰りたくない。仕事がないからね」

「イラクは気温が50度にもなる。逆にここは、すごく寒くなるけどね」

「スウェーデンは本当に綺麗な国。４年前に結婚して４歳の男の子がいるんだ」

「東京は大きい街？　綺麗？　日本と中国は言葉が通じるの？」

アジア人が少ないストックホルムでは、日本人に会う機会がないらしく、日本のことは「ドラゴンボール」「トヨタ」「寿司」くらいしか知らないと言っていた。

ずっと１３０㎞／ｈで走ってきたので、思っていたより早く国際線のターミナル５に着いた。車から降りて、初めて出会ったイラク人に別れを告げた。

とても親切で、いい人だった。

人生観を変えてくれた二つのインドの旅

インドを初めて旅したときは、正直、驚いた。

道という道にゴミが落ちていて、ネズミや豚、牛が、そのゴミを食べている。誰かが食べかけのものを駅のホームから線路に捨てると、30匹ほどのネズミがピャーッと寄って来て、ガサガサ音を立てながら残飯を食べ尽くす。

列車も時間通りには来ない。1、2時間遅れるのは当たり前で、10時間だって平気で遅れる。駅の人に聞いても説明はなく、「待っていて」と言われるので、寒い冬でもみんな何も言わず、怒らずに待っている。文句を言っているのは、外国人旅行者だけ。これがインドの普通の生活なのだ。

ちょっと神経質なところがある僕にとって、インド体験は、それまでの人生で最大のカルチャーショックだった。

日本の清潔さ、正確さ、勤勉さは、海外の人たちから高く評価される。日本人はそれを当たり前のように思ってしまい、清潔でなければいけない、正確でなければいけないと、型にはめて考えがちだ。

ところがインドのように「何でもありの世界」だってある。残飯だって家畜の餌になるし、電車が遅れたら待てばいいのだ。

型にはめず、決めつけず、もっと自由に、ありのままを受け入れればいい！　インドの生活を知って、そう思った。

さらにインドでは、パキスタンとの国境近くにある「**アムリトサル**★」で、人生観が変わるような貴重な経験をした。

「アムリトサル」という都市は、インドに古くからあるカースト制度に捉われず、身分、性別、宗教に関係なく「人間は生まれながらにして平等である」という教えをもつ「**シク教**★徒の聖地」である。

そこにはシク教の総本山である「黄金寺院」があり、毎日10万人分の食事を無料で

★　**アムリトサル**
インドの北西部にあるパンジャーブ州にあり、16世紀にシク教の信徒によって建てられた都市。サンスクリット語で「生命の水の貯水池」の意味がある。

★　**シク教**
16世紀にグル・ナーナクが創始したインド発祥の一神教。偶像崇拝やカースト制を否定し、平等を重視する宗教。

提供している共同食堂「グル・カ・ランガル」がある。

5000人が一度に入れる共同食堂では、子どもも老人も、地元の人も観光客も、あらゆる人たちが平等であることを表すように靴を脱いで足を洗い、床に座って同じものを食べる。ただし、男性はターバンをしなければいけない。

インド人というと、みんなターバンをしているイメージがあるが、実は、ターバンをしているのはシク教の男性だけらしい。

観光客である僕には「手ぬぐい」のような白い布が渡された。「これを頭に巻いて」「ここに座って」「美味しいですか」。周囲の人たちはみんなにこやかで、親切だった。

24時間無料で振舞われているのは、カレーとチャパティ(薄焼きパン)と、**チャイ**★。毎日10万人分ものカレーをどうやって作るのかというと、インド全土から仕事を休んでまでやってくる数百人ものボランティアが、食材の提供から調理、配膳、後片付けまで、分業で行っているのだという。食材は寄付によって調達しているとのこと。

シク教の人たちが地元で作られた野菜やスパイスを運び込み、ボランティアが玉ねぎを刻み、ジャガイモの皮を剥き、スパイスを挽く。

★ **チャイ**
インド式のお茶で、甘く煮出したミルクティーを指す。

余計なものは一切加えず、とれたての野菜で作られるからなのか、あるいは、感謝をしながら仲間と一緒に食べるからなのか、黄金寺院で食べたカレーは、今まで食べたカレーの中で一番美味しく感じた。

しかも、この共同食堂は、「人間は生まれながらにして平等である」というシク教の教えを守るために、５００年も前から休むことなく続いているのだという。

何者も拒まず、お金を介在させることなく、一人ひとりが自分にできる労働を提供して、食べる。そこには、生きることの基本があるような気がした。

ムンバイからトランジットで滞在した都市、アムリトサルで出会った黄金寺院は、純金で装飾され、黄金に煌めいていた。

寺院の中も、寺院正面にある「不老不死の池」と呼ばれる聖なる池も、ボランティアによって綺麗に掃除されていた。

ゴミだらけではない、もう一つのインドがここにあった。

安くて美味しいソウルフードはないものか？
世界の食事情

「あなたが一番好きな料理は？」

そう聞かれたら、僕は迷うことなく「メキシコ料理」と答えてきた。

もともと料理が好きで調理師学校を卒業したので、東京でサラリーマンとして働き始めてからは、世界の味を見つけては食べ歩くのが楽しみになっていた。

メキシコ料理にハマったのも、東京で美味しい店を見つけたのがきっかけだ。唐辛子をきかせた刺激的な料理とテキーラやコロナビールは、仕事のストレスを吹き飛ばすのにピッタリだった。

自分探しの旅を始めたとき、「大好きなメキシコ料理を本場で食べよう！」と、1カ月のステイを計画した。

日本に比べると物価が安いメキシコで、高級レストランから現地で人気の食堂、屋台まで、さまざまな場所で、いろいろなメキシコ料理を食べ歩いたが、どうも日本とは味が違う（これは、〝海外あるある〟だと言っていい）。

美味しいと思えるメキシコ料理は（日本人の僕の口に合う料理は）、唯一、**タコス**★だけだった！

タコスとは、トウモロコシの粉を焼いたトルティーヤという生地に、牛肉や豚肉を載せ、玉ねぎなどをトッピングして、サルサもたっぷりかけ、最後にライムを絞ってワイルドにかぶりつく、メキシコのソウルフードだ。

日本でも、タコスの作り方は同じだと思う。ところが、本場メキシコシティの屋台で食べたタコスは、東京のそれとはまったく別物。最高に美味しい。

「これが1個100円程度で食べられるなんて、信じられない！」と、僕は毎日タコスを食べながら、メキシコでの1カ月を過ごした。

どの国にもソウルフードと呼ばれる料理がある。ニューヨークならホットドッグだろうし、中国・香港なら**点心**★だ。

★ **タコス**
スペイン語で「taco（軽食）」を意味する。日本では複数形の「tacos」と呼ぶのが一般的。

★ **点心**
中国で「軽食・間食」の意味で、小皿で提供される胡麻団子のような甘い点心、餃子や小籠包などをいう。点心を食べながらお茶を飲むことを「飲茶」という。

以前、友人と香港に行ったことがある。羽田を21時に出発して香港に向かうと、ホテルに到着したのは深夜2時だった。さすがに、小腹が空いた。

Googleマップでホテルの近くの店を探したが、この時間に営業している店はないようだった。歩けば見つかるかと思い少しばかり歩いたが、やはり、ない。

仕方がなくホテルに戻り、香港のカップラーメンを買いにコンビニに行き、再びホテルに戻ろうとしたときだった。さっきまで暗かったホテル正面の飲食店に灯りがついていたのである。

看板には『DIMSUM RESTAURANT』とあり、点心の写真が見えた。ちなみに、DIMSUM(ディムサム)とは、英語で点心のことだ。「いや〜、助かった」と喜んで店内を覗きに行き、驚いた。午前3時半だというのに、すでに満席だったのだ。

作業台にしていたテーブルを空けてもらい、なんとか席を確保すると、奥の調理場から湯気を上げたセイロが次々に運ばれてきた。

包子、エビ餃子、シュウマイ……。腹が空いていたせいもあるが、今まで食べた点心の中で一番美味しかった。しかもセイロ1枚４００円！　破格である。

深夜に賑わっていたその店は、午前3時から営業しているタクシードライバー御用達の人気店だった。

香港のタクシードライバーは制服を着ていないので、最初は彼らがタクシードライバーだとは気づかなかった。でも、タクシードライバーが集まる店は、世界のどこへ行っても、安くて美味しいと相場が決まっている。

日本なら、さしずめ、東京・神田の立ち食い蕎麦屋さんだろうか。僕も、海外から日本に戻り、時差ぼけで眠れないときに、食べに行っていた。ワンコインで食べられる立ち食い蕎麦は、日本のソウルフードだ。


海外で長期ステイをすると、一番困るのが食事だと思う。

アメリカは、値段が高くて脂っぽいものが多すぎる。ヨーロッパは、高い割に量が少ない。タコスや、点心や立ち食い蕎麦のようなソウルフードはないものだろうか。

日本は比較的物価も安く、本当に美味しい料理が食べられるありがたい国だと、つくづく思う。

最高のタコスを求めて、命懸けで危険地区へ！

メキシコでは、僕が世界中で一番好きな食べ物・タコスを追いかけて、かなりヤバい目に遭ったことがある。

メキシコシティ★に到着した日からタコスを求めて食べ歩いていた僕は、Googleマップで、5点満点中4・7と、かなり評価が高い店を見つけた。

「古典的な牛の腹（内臓系）のタコスがある」と紹介されている。ぜひとも食べたいと思ったが、問題があった。レストランがある場所が、メキシコで最も危ないと言われている「テピート地区」だったのだ。テピート地区とは、

●週に何回もバスジャックが起こる。

●銃やドラッグが買えるブラックマーケットがある。

★ **メキシコシティ**　メキシコ合衆国の首都。メキシコ最大の都市でラテンアメリカ経済の中心地。古代アステカ帝国に関連する世界遺産がある。

●メキシコ最大のコピー品マーケットがある。
●写真を撮影すると、観光客とみなされ目をつけられる。

という場所であるらしく、宿泊先の人や地元の人に様子を聞いても、「危ない、用事がない限り行きたくない」と、同じような答えが返ってくるだけだった。

しかし、無類のタコス好きが、本場にまでやって来て、内臓系の古典的なタコスが食べられると聞いて、「行かない」選択はない。

調べてみると宿泊先から15分ほどだったので、カメラは持たず、最小限のお金とスマホだけを持って行ってみることにした。

食べたい気持ちを抑えられずに宿泊先を出たのは、夕方の5時。これから暗くなる時間だったことは、大きな選択ミスだった。


テピート地区に近づくにつれ、白人やアジア人などの観光客はまったく見かけなくなった。地区の入口には警察官が立っていたが、それほど危険な雰囲気はなかった。「行こう」と腹を決め、大通りを渡ってマーケットに入った。入口から3分ほどで目的のタコス店に到着したが、残念なことに、ちょうど閉店したところだった。マーケットの他の店も次々に閉店し、明るさと賑わいが波のように引いた。引き返すか迷ったが、好奇心もあり、直進した。この選択が、本当に間違いだった。

3分ほど歩くと明らかに雰囲気が変わり、僕の前にはいかつい男が立っていた。

「ヘイ、ブラザー！
ウィード、クラック、コーク、ヘロ、メス？」

明らかにドラッグの売人だった。まるで映画だ！

ちなみに、ウィード＝**大麻**★、クラック・コーク＝**コカイン**★、ヘロ＝**ヘロイン**★、メス＝**覚醒剤**★の隠語である。

3メートル間隔で立っている売人のグループからジロジロ見られ、声をかけられ、腕をつかまれ、肩を組まれ、絡まれた。

さすがに「このままだとヤバイ！」と感じて引き返そうとしたそのとき、売人が**「ガンズ？」**と笑いながら聞いてきた。

★ **大麻**
アサ（大麻草）の花冠や葉を乾燥、または樹脂化・液体化させたもので、世界で最も乱用されている薬物。健康被害や依存症のリスクが問題となり多くの国で規制されているが、メキシコでは医療用大麻は合法化されている。

★ **コカイン**
南米原産のコカの葉から抽出される神経を興奮させる作用と強い中毒性を持つ薬物。一時的な幸福感をもたらすが、多量に使用すると、パニックや統合失調症、心臓発作などを引き起こす。

噂通り銃も売っているのかと思い、背筋が寒くなった。テピート地区と安全な地区を分ける大通りを渡り切った後も、つけられていないか心配で周囲を見回した。普通の人たちしかいないと確認できたときに、初めてホッとした。

インドやフィリピンなど、アジアのスラム街などでもスリに目をつけられたことがある。彼らは金品を持っている観光客を見つけると、すれ違ってから、Uターンして後をつけてくる。つけてきたら、振り向いて「わかっているよ、スリだろ」と睨みを利かせれば退散する。でも、メキシコのテピート地区は違う。パッと見ただけで、20人は売人がいた。そんな場所で大勢の売人に絡まれたら、確実に厄介なことになる。

世界遺産もあるメキシコシティの観光地エリアは、観光客も多いため、警備も厳重で大勢の警察官や軍人が立っている。だからといって、メキシコを安全な国だと思ってはいけない。危険な地域には立ち寄らないのが賢明だ。

と言いながら、僕はテピート地区で命拾いした翌日の昼過ぎ、例のタコスの店に行ってきた。昼間は安全な店だった。そして本当に、美味しいタコスだった。

★ **ヘロイン**
アヘンに含まれるモルヒネから合成される強力な麻薬。薬物の中では最も依存性が高く、乱用すると重度の精神・身体依存や死亡リスクが高まる。

★ **覚醒剤**
薬用植物のマオウに含まれる成分を利用して精製した薬物で、第二次世界大戦中は疲労回復の医薬品（ヒロポンなど）として販売されていた。「シャブ」「スピード」「アイス」などの俗称がある。依存性が強いことから、日本では1951年に覚醒剤取締法が施行されている。

「自然を見て発見する」。ガウディの教えに涙したバルセロナ

その聖堂に足を踏み入れた途端、あまりの美しさに涙が流れてきた。

１８８２年に建築が始まり、今もなお工事が続いている**サグラダ・ファミリア**★。最初にこの聖堂のことを知ったのは、高校の英語の教科書だったと思う。

自然界の造形を手本に天才建築家**アントニ・ガウディ**★が設計したその佇まいに衝撃を受け、いつかは訪ねたいと思い続けてきた。

２０１８年春。バルセロナ空港からタクシーで30分ほど走ると、あの特異な外観が見えてきた。教科書で見た聖堂内の記憶があまりなかったからだと思う。一歩足を踏み入れた途端、予想外の世界観に圧倒され、勝手に涙が溢れ出てきた。

植物にしか見えない巨大な柱がとてつもなく高い天井を支え、天井には可憐な花が

★ **サグラダ・ファミリア**
アントニ・ガウディの未完成作品。初代の建築家が１８８２年に着工したが、教会側と意見が対立。翌年からガウディが2代目の建築家となり、１９２６年に亡くなるまでライフワークとして設計・建築に取り組んだ。ガウディの遺志を引き継いで建築が続けられ、細部を含め、２０３４年に完成するとされている。

★ **アントニ・ガウディ**
１８５２~１９２６年。スペイン、カタルーニャ出身の建築家。サグラダ・ファミリア、グエル公園や、カサ・ミラをはじめとするバルセロナにある作品群は、２００５年にユネスコの世界遺産に登録されている。

咲いている。ステンドグラスから差し込む光は、太陽が動くに連れて色を変え、森に降り注ぐ木漏れ陽を思わせた。

「受難のファサード」と「生誕のファサード」と呼ばれる塔には有料のエレベーターがあり、上まで昇ってバルセロナの街並みを眺めることができる。

地下は博物館になっていて、建物の模型やガウディが描いた設計図などが見られるだけでなく、多くの職人たちが仕事をしている工房も窓越しに覗くことができた。

ちなみに、現在サグラダ・ファミリアで主任彫刻家として活躍している★**外尾《そとお》悦郎《えつろう》**氏も、25歳のとき、「自分探しの旅」の途中でこの聖堂に出会い、専属彫刻家として従事するようになったそうだ。

バルセロナでは、到着初日にガウディの洗礼を受けたせいか、美しい建造物や街並みを見たくなり、最初の4日間はフルに動き回った。

●1日目／サグラダ・ファミリア。

●2日目／旧市街にあるゴシック地区へ。

★　**外尾悦郎**
１９５３年、福岡県生まれ。美術大学の彫刻科を卒業後、定時制中学校・高校の美術の非常勤講師として勤務していたが、１９７８年、25歳のときに仕事を辞めてバックパック一つでヨーロッパに放浪の旅にでる。ガウディの建築に魅せられてバルセロナに留まることを決め、サグラダ・ファミリアの彫刻家として仕事を始める。２０１３年から主任彫刻家に任命され、現在は彫刻など装飾の総監督を務めている。

●3日目／バルセロナの街が一望できるサグラット・コール教会。
●4日目／カンプノウで「ＦＣバルセロナ」の試合観戦。

さすがに人疲れして「引きこもりたい願望」が出てきたので、ホテルを郊外に移してステイすることにした。

それからは、毎日3～4時間ほど歩き回って「居心地のいい場所探し」をした。その甲斐あって、観光客がほとんど来ないマガローラ展望台に辿り着いた。

ここからは、オレンジ色の屋根瓦が美しいバルセロナの街を一望できるだけでなく、雪を頂くフランスの山々まで見渡せる。３６０度の開放感を味わうために、残りの20日間は、ほぼ毎日展望台に通った。

仕事をし、読書をし、自分で作った生ハムサンドウィッチを食べ、昼寝をし、自然を満喫しながらボーッと考えごとをして、自由気ままに過ごす。至福の時間だ。

もちろん日本にいても、気ままな一日を過ごすことはできる。でも、大切なのは環境だ。その土地でしか見ることのできない自然、感じられない空気、味わえない食べ物に触れることで、イメージが広がり、思考回路がどんどん変わっていく。自分が変わっていく。それが旅の醍醐味だと思っている。

アントニ・ガウディも、こんな言葉を残している。
「世の中に新しい創造などない。あるのはただ発見である。創造的であろうとして、意味のないものを付け加えてはいけない。自然の原理をよく観察し、より良くしようと努力するだけでいい」

さて、スペインといえば「**パエリア**★」が有名だが、現地に来てみると、観光客相手のレストランでしか見かけなかった。一度食べてみたが味が濃くて塩辛く、日本で食べるパエリアのほうがずっと美味しく感じられた。

でも、地元民に人気のローカルレストランで食事をすると、前菜、スープ、メインディッシュ、ワインがセットになって10ユーロ程度（約1500円）。安くて美味しい。しかも、赤ワインはボトルごとテーブルに出てきて飲み放題だった。

美しい街並みを一望できるバルセロナ。また、長期ステイしたい場所だ。

★ **パエリア**
スペイン東部、バレンシア地方の米料理。バレンシア語で「パエリア」はフライパンの意味。両側に取っ手がある丸いフライパンに、野菜、魚介類、肉などを入れて炒め、米とサフランを加えて炊き上げる料理。

海外で日本人がリスペクトされるのは、先輩たちの努力があるから

ドバイでは、タクシーの90％がトヨタ車だ。

僕が日本人だとわかると、多くのタクシードライバーが「トヨタ・カムリ最高！」「トヨタGOOD GOOD!」と手放しで褒めてくれるし、握手を求められることもある。

この前は、もうすぐ走行距離100万キロになる2016年モデルの「トヨタ・カムリ」を運転しているパキスタン人のタクシードライバーに会った（正確には走行距離986569キロ）。

一般的に日本では、車の寿命は「10年」「10万キロ」と言われる。10万キロを超えると、パーツが劣化し、エンジントラブルなどが多くなるからだ。

にもかかわらず、100万キロ！　そんな車を見たのは初めてだった。これは日本

の皆さんにもお知らせしなければいけないと思い、急遽、ドライバーに撮影許可をもらってカメラを回し、YouTubeにアップした。

そのときの会話は、こんな感じだ。

僕「ワァ、もうすぐ１００万キロだ！」

ドライバー（以下、ド）「ハハハハ。この車は２０１６年モデルで、今は２０２５年だから、もうすぐ10年になる。たぶん、今月で引退かな」

僕「リタイアするの？　１００万キロなんて見たことないよ。トラブルはないの？」

ド「ノートラブル！　本当に良い車だよ」

僕「パートナーと一緒に使っているの？」

ド「私のパートナーは深夜担当ドライバーで、私が午前4時〜午後4時まで運転して、パートナーが午後4時〜午前4時まで運転する。12時間運転したらパートナーに交代。ドバイのタクシー車両は、すべて24時間稼働しているんだ」

僕「マジか！（笑）　24時間エンジンONなんて、びっくりだよ」

ド「レストランで食事をする15分間と、モスクでお祈りをする5分間は休むよ。中国車っていう選択肢もあるけれど、微妙だね。中国車をタクシーとして24時間使ったら、10万か20万キロで引退かな。日本車は高いけれど、すごく高品質だよ。でも、メーターが999999になったらおしまい（笑）」


それはそうだ。それ以上走行しても、もうカウンター表示できないのだから。ところが、パキスタン人のドライバーは続けてこう言って笑った。

「この車の前は2018年モデルのトヨタ・カムリに乗っていた。そのときは100万キロ走行した後、さらに一カ月間乗ったよ（笑）」

ドバイでは100万キロ走行は当たり前ということか。いずれにせよ、日本の車がこれだけ信頼されているのは、素晴らしいことだと思う。


それから数日後のことだ。ドバイの街中で「Are you Japanese?」と、サウジアラビア人に声をかけられた。

「そうです」と答えると、握手を求められ、連絡先を教えてくれて、「何か困ったことがあったら、いつでも電話して」と言われた。

その人は、美しく磨き上げられた２００４年モデルの「日産スカイラインＧＴ－Ｒ」に乗っていた。今では、日本でもなかなかお目にかかれない名車を探して買うのだから、相当な車好きなのだろう。記念に写真を撮らせてもらった。日本製品を愛し、日本人までリスペクトしてくれる真摯な態度に、心を打たれた瞬間だった。

格差社会のドバイだが、日本人はどこに行ってもリスペクトをもって迎えられる。それは、日本の経済成長を担ってきた先輩たちが、信頼される仕事をしてきたからにほかならない。

トヨタ車はタクシーに使われている「カムリ」だけでなく、「ランドクルーザー」も人気で、１分に１台は見かける。三菱のエレベーターやＴＯＴＯのトイレ、ダイキンのエアコンなど、あらゆるところに日本製品が溢れていて、現地人も、出稼ぎに来ている人たちも、「日本製が一番だ」と言う。ありがたいことだと思う。

自分の子どもたちの時代まで、「日本製が一番だ」と言ってもらえる仕事ができるだろうか。最近、そんなことをよく考える。

トルコの「ぼったくりバー」で、マフィアにカツアゲ！

トルコで、宿泊先に帰るために夜の歓楽街を歩いていたら、日本語で話しかけられて、ぼったくりバーに連れて行かれたことがあった。

声をかけてきた客引きの若い男性は（たぶん）**クルド人**★で、日本語がメチャクチャうまかった。

ヒルトンホテルのカードキーを見せながら、

「飲みに行こうよ、僕はこのホテルに泊まっているんだ」

「酔っ払ったら、一緒に泊まればいいよ」

「人生は一度きりだから、遊ぼうよ」

「人生一度きりだから、今日は飲もうよ」

〝人生一度きり〟と何十回、聞いただろうか。怪しい人間が〝人生一度きり〟とは言

★ **クルド人**
一般にクルディスタンと呼ばれるトルコ、イラン、イラクなどにまたがった山岳地帯に居住し、イラン語系のクルド語を母語とする民族。イスラム以前からの言わば「先住民族」である。

わないだろうと思ったし、たとえ騙されてぼったくりにあって支払ったとしても、数百ドルくらいのものだろうと店に入り、席についた。そして、店の中から出てきたウクライナ人女性たちも交ざり一緒に飲んだ結果……、

請求書は「３０００ドル」（約45万円）になっていた。

これは大変なことになったと、僕は素早く、彼らに気づかれないように、アメックス以外のクレジットカードをパンツの中に隠した。

「トルコやヨーロッパの街ではアメックスのカードはほとんど使えない。観光客が一枚もクレカを持っていないのは怪しいと思われる。アメックスはキャッシングできないようにしてあるから、何とかなる」

酔っ払っていたが、危険を察知して、一瞬正気に戻ったのかもしれない。使えるクレカ、キャッシュカードをパンツに隠したのは賢明だった。

アメックスのクレカで支払いができないとわかると、奥から真っ黒なスーツを着た男たちが出てきた。真っ黒な高級車に乗せられ、歓楽街のＡＴＭに連れて行かれた。

明らかにマフィアだった。ＡＴＭの外には、見張り役が立っていた。

黒スーツの男が「ここでキャッシングをして金を払え」と言う。

僕が「キャッシングはゼロにしてあるから、無理だ」と言いながら、ＡＴＭにカードを入れて弾かれる。それを何度か繰り返した。

アメックスカードが使えないとわかると、ボディチェックをされ、財布の中にほかのカードがないか調べられた。

やがて黒スーツの男が、「３０００ドルを、お前ら二人で払え！」と凄んだ。客引きの男もビビったふりをしていたが、所詮、彼らはグルだ。

１５００ドル（約22万円）で済むならここで解放されたいと支払ってしまう人もいるのだろう。ぼったくられるのは腹が立つが、無理をすれば払えるし、キャッシングの上限にも引っかからない絶妙な金額設定だと思った。

そのとき、財布に入っていたのは、わずか１００ドルだけだった。そこで、僕はこう言った。

「財布には１００ドルしかない。日本大使館でお金を借りられると思うから、連れて行ってくれ」

「警察」と言ったら厄介なことになるかもしれないと思い、咄嗟に「日本大使館」という言葉を選んでいた。この選択も、的確だった。もちろん、大使館の世話になる気はサラサラなかったが……。

結果的に、黒スーツの男は「その１００ドルを出せ」と言い、僕の手から奪い取って、あごであっちいけのジェスチャーを送ってきた。すっかり酔いは醒めていたので、宿泊先まで歩いた。心臓がバクバクしていた。

この経験をして以来、怪しい地域に行くときは、１００ドル程度の現金とキャッシング数万円までに設定したクレカを別々に持って出かけるのがいいと思うようになった。その前に、海外に行くときの大前提として、守ったほうがいいことがある。

「流暢な日本語を話して近づいてくる人には注意すること」である。

世界中の図書館で、山の頂上でノマドワーク

世界中のどこでもビジネスができるなら、カフェだけでなく、話題の図書館を巡ってみるのも面白い。

メキシコシティには、「近未来の空中図書館」と称される話題の図書館があるというので行ってみた。2006年にオープンした「ヴァスコンセロス図書館」だ。

見上げると、吹き抜けになっている天井まで、鋼鉄とガラスでできた無数の四角い本棚が空中に浮いている。そんな無機質な空間に、鯨の骨格を模した巨大な彫刻が浮かんでいるのが、超クールだ。

どうやら僕は、歴史的な建造物より、こうしたモダン建築の中に身を置いているほうがモチベーションやテンションが上がるようで、メキシコシティにステイしている

間は、毎日のようにこの図書館に通って仕事をしていた。

ただし治安はあまり良くない。僕がカメラで館内を撮影していると、巡回中の警備員から「カメラでの撮影は禁止です。スマホでの撮影はＯＫです」と注意を受けた。

つまり、一眼レフなどで撮影していると、スリのターゲットになるというのだ。図書館から歩いて5分ほどのマーケットの食堂でも、珍しく英語を話せる中年のメキシコ人が、親切にアドバイスをしてくれた。

「ここは観光客が来るような場所ではない。スリに遭わないように気をつけな」と。

メキシコは世界でも有数の犯罪が多い国。事故に巻き込まれても困るので、図書館へは、ステイ先から毎日タクシーで通った。15分乗って、わずか２５０円。ここで図書館へ行くなら、タクシーがおすすめだ。


オランダ・アムステルダムにある公共図書館も、外せない。

２００7年にオープンしたヨーロッパ最大級の規模を誇る図書館で、地上9階、地下1階。白を基調とした館内は、一番上まで吹き抜けになっていて、閲覧席が吹き抜け空間をぐるりと囲むように配置されている。

円柱のような本棚や、椅子にもなる巨大な木の階段があるなど、モダンだけれども温かみがあり、落ち着いて仕事ができる空間だった。

図書館の中にはおしゃれなカフェや食堂もある。ヨーロッパ価格なので、決して安くはないが、2000円程度出せば、食材にこだわった美味しい料理が食べられた。

ウィーン経済・経営大学に2013年にオープンした図書館と学習センターも、カッコ良すぎて驚いた。

流線型の回廊や壁が斜めになった館内は、まるでSF映画の金字塔『2001年宇宙の旅』や『スター・ウォーズ』に登場する宇宙船のようなのだ。

国際コンペで、世界でも著名な建築家6人が選ばれ、それぞれのパートを手掛けたそうだが、6人の建築家の中には日本人も1人いた。素晴らしいことだ。

大学の学食で仕事の合間に簡単なランチを食べ、近未来の仕事はどうなっているだろうかと思いを馳せた。

旅をしながら仕事をするノマドワークは、公園の芝生の上でも、湖のほとりでも、どこでもできる。僕は以前、長野県の諏訪湖の近くにある蓼科山の山頂に座り、絶景を眺めながら仕事をしたことがある。

白樺の林を抜け、鳥のさえずりに癒やされながら、そこそこ急な斜面を登って、2531メートルの山頂に立つと、澄んだ空気で身体中が満たされる。地上にいるときとはまったく違う開放感が味わえる。

この、非日常の開放感を味わうことで、仕事の集中度合いが格段に高まり、良いアイデアが溢れ出す。海外まで行かなくても、少し視点を変えれば、新しいアイデアや新しい自分は見つけられるのだと思う。

山も、空も、雲も、毎日変わる。同じ景色はどこにもない。

毎日、違う景色を、違う世界を楽しんで生きていきたい。

COLUMN 3

家族と旅

父は学生時代登山をやっていたこともあり、子どもの頃から一緒に山登りをした記憶がある。父が勤めていた会社の保養所が長野県の蓼科にあり、そこに泊まっては、信州の山を巡った。母も旅行好きなので、僕がサラリーマンを辞めた頃からは母とドライブに出かけることも多くなった。長野県・霧ヶ峰の車山高原や奈良井宿、岐阜県・中津川の恵那山や馬籠宿など、思い出深い旅がたくさんある。海外で自分探しの旅をして、国内で親孝行のドライブ旅行をする。ロシアに移住するまではそんな時間が続いた。

弟とも、大好きな映画『ダージリン急行』を真似て一緒に旅をしたし、弟のヨーロッパ出張にかこつけて、一緒にオーストリアを旅したこともあった。旅好きな一家だからなのか、姉は韓国人と結婚し、弟は台湾人と結婚して、僕はロシア人と結婚している。不思議なものである。

子どもの頃から家族と旅をしてきたことは、かけがえのない思い出だ。自分の子どもたちにも、たくさんの旅の思い出を作ってあげたいと思っている。

第4章
住めば都!?
ロシアで家族ができた！

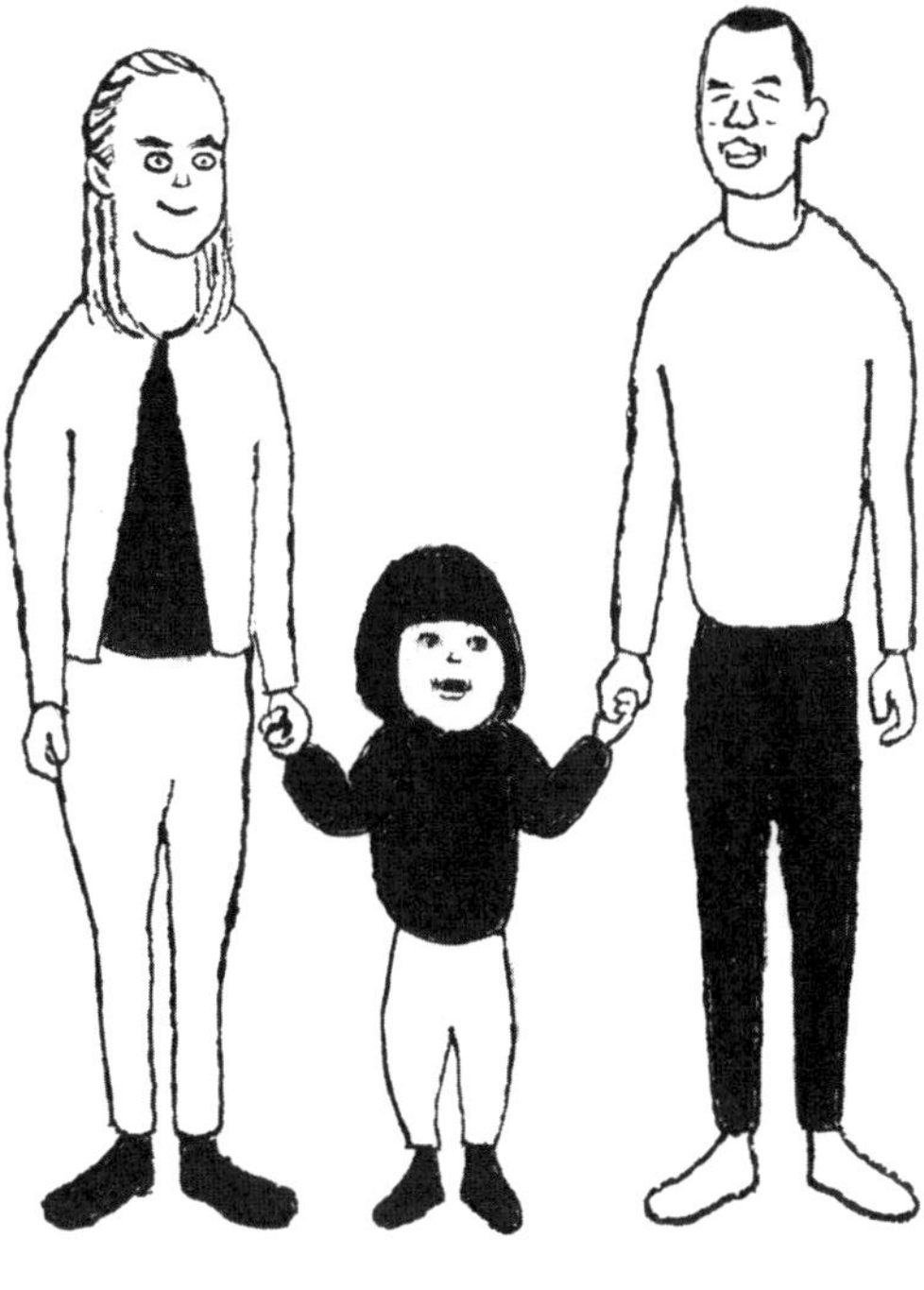

自分探しの旅を続け、一生住みたい理想郷を見つけた！

僕は「自分探しの旅」をしながら、それぞれの国に一カ月ほどステイして、自分が住みたい場所を探してきた。

旅を始めた頃は、歴史的な建造物や有名な観光地に感動したが、ヨーロッパなどはどの建造物も街並みも同じように見え、次第に興味が湧かなくなってしまった。

ただし、どんな国を旅していても、新鮮な野菜や肉、魚の市場を見つけたときは、俄然興味が湧いてくる。ワクワクしながら味を確かめ、値段を調べ、「この街の人は、何をどんな調理方法で食べ、どんな健康法を実践しているのだろう、どんな暮らしをしているのだろう」と聞いてみたくなる。

そして、「自分がここに住むとしたら」と思いを巡らしてみる。

旅をするうちに、少しずつ自分が求めていることがわかってきた。それは……

「健康的な生活ができる場所かどうか」。

もっと具体的に言うなら、

●オーガニックの野菜、果物、肉が手に入る環境があること。

●健康志向の人たちを観察して、最新の食生活と健康の知識を学べること。

●自然が多い場所であること。

この条件に最も近い場所が、ニューヨークだった。

高級スーパーマーケットには、オーガニックの製品がズラリと並んでいるし、健康の話を夢中になってしてくれるマッチョたちもたくさんいる。そして、大都会でありながら、セントラルパークのような自然もある。

そんなニューヨークが大好きで、数えきれないほどステイしてきたのに、アメリカのライバル？「ロシア」には、行ったことがなかった。日本人がロシアに行くにはビザが必要だし、ロシアが悪役になりがちなアメリカ映画の影響で、あまりいいイメージはなかったのかもしれない。

ロシアを初めて訪れたのは２０１８年冬。ベトナムで出会ったロシア人の彼女と付き合い始め、１年が過ぎた頃だった。久しぶりにロシアに帰る彼女が、「一緒に来てみない？」と誘ってくれたのがきっかけだ。

ロシアのイメージといえば、

●寒くて暗い。
●みんなウォッカを飲んでいて、アルコール依存者が多い。
●KGB★があるので、スパイのにおいがする。

実際にロシアに来てみると、確かに寒いが、それ以外は、あまりにもイメージと違っていて驚いた。

モスクワは、ニュース映像でよく観る赤の広場や、帝政ロシア時代のカラフルなモスクがあるだけではない。高層ビルが立ち並び、おしゃれなショッピングモールがあり、ニューヨークにも負けない大都会である。

個人的な感覚ではあるが治安が良く、スリや物取りに遭うこともない。深夜10時に女性が一人歩きしても安全な街だった。

★ KGB
旧ソ連の国家保安委員会で、情報収集や反体制派の取締りを行った諜報機関。１９９１年に解体した。米国のＣＩＡと比較されることが多い。

彼女の実家がある**キーロフ**★は、モスクワから東に９００キロ。**シベリア鉄道**★の寝台特急を使うと、約13時間で到着する。

冬はどこまでも続く雪の大平原だが、春になると緑の平原に変わり、野イチゴが絨毯のように広がる。そんな田舎街で何より驚いたのは、食べ物のクオリティの高さと安さだ。

市場やスーパーにはオーガニックの野菜や果物が山のように並び、牛肉、バター、チーズなどは全て放牧牛の製品だし、卵も平飼い卵が売っている。ロシアは、フルオーガニックで暮らせる夢のような国だった。

しかも、自宅の菜園でオーガニック野菜を作っている彼女のお父さんは、超健康オタク。僕の健康師匠になってもらい、いろいろ教えてもらうことができた。

もちろん、豊かな自然もたっぷりある。ロシアの人たちは、お金を使わずに川遊びや野イチゴ狩り、キノコ狩りなど、自然の中で遊びを楽しむのが上手だ。

冬になれば、日本のようにゲレンデまで行かなくても、白樺林を通り抜け、凍った川を渡るクロスカントリーができる。それはとても魅力的な環境で、子どもができた

★　**キーロフ**
ロシア中西部にある都市。１９３４年まではヴャトカと呼ばれていたが、革命家で政治家のセルゲイ・キーロフ暗殺事件が起き、キーロフの出身地であったことから、キーロフに地名が改められた。

★　**シベリア鉄道**
モスクワからウラジオストクを結ぶ世界最長の鉄道路線。全長約9，３００㎞に及ぶロシアの大動脈。

ら、この自然の中で一緒に遊びたいと思わせてくれるものだった。

さらに、「何ごとも本音で話すロシア人の気質」が、僕には気持ちよかった。日本人のように本音と建前があるわけではないので、腹の探り合いをする必要がないし、好き嫌いや自分の主張を直球で伝えてくるので、わかりやすい。子どもの頃から人目を気にするタイプで、自分の意見を主張するのが苦手だった僕は、ロシアの人々から学ぶことが多かった。

シミュレーションをしてみると、こんな結果になった。

●ニューヨークでオーガニック食材を購入して自炊中心の生活をした場合、一カ月の食費は約8万円。

●結婚してニューヨークで生活した場合、住宅費、食費、光熱費を合わせた一カ月の生活費は、60〜70万円。

●一方、ロシアの田舎町でフルオーガニックの食生活をした場合、一カ月の食費は2万円。

●結婚してロシアの田舎町で生活した場合、
住宅費、食費、光熱費、車を所有したとしても、一カ月の生活費は10万円。

ロシアの圧勝だ！

ロシアの冬はマイナス20℃以下になる。それでも、一カ月ステイしてみると、楽しく生活できることがわかってきた。オーガニック食材の宝庫で、健康の師匠がいて、自然がたっぷりある。自分が求めていた理想の場所がここにあった。

それは、世界を旅して自分の目で見て、感じてきたからこそ、メリット、デメリットを比較できたんだと思う。

ロシアを初めて訪ねた２０１８年、僕は彼女と結婚して、ロシアを拠点にして生きていこうと決めた。

厳しい人生を歩んできた彼女は、基本的には倹約家だが、旅や親孝行など大切なことには豪快にお金を使う自分の軸を持っているところに惹かれたのだと思う。

旅で出会った女性と結婚するとは思わなかったが、人生は何が起こるかわからないから楽しいのだ。

豊かな食生活を支える
ロシアの「ダーチャ文化」

僕が訪ねたロシア中西部のキーロフはかなりの田舎町だということもあるが、とにかく驚かされたのが、オーガニック食材の安さと豊富さと、新鮮さだった。

キーロフの値段を「1」としてニューヨーク、東京と比較してみると、概ね、このくらいの比率になると思う。

●良質なオーガニックの野菜・果物・放牧鶏卵などの値段比較

ロシア（キーロフ）	1
ニューヨーク	4
東京	9

実は、日本のオーガニック食材は、アメリカよりずっと値段が高い。

なぜかというと、「日本は欧米に比べてオーガニック食材に対する関心が低いために需要が少なく、値段が高い」「日本は高温多湿で虫が多いため、無農薬にすると人件費がかかる」「日本では農薬を使わないと出荷基準を満たしにくい」などの理由があるからだ。

できれば農薬は最小限にしてほしいところだが、日本の農薬使用率は、世界でベスト3に入るほど高い。農薬散布のイメージが強いアメリカのほうが使用率は低く、日本の約5分の1。ロシアは約20分の1程度だそうだ。


ではなぜ、ロシアはこれほどオーガニックの農作物が多く、しかも安いのか？　その理由は、「ダーチャ(ロシア語で〝与えられる〟)」という文化があるからだ。

「ダーチャ」とは、雪深いロシアで、初夏から秋までを過ごす菜園付きのセカンドハウスのことで、帝政ロシア時代に貴族に与えられた庭付きの別荘が始まりだという。

市民に「ダーチャ」が広がったのは、第二次大戦後。食糧不足を補うために自給自足が奨励され、「ダーチャ」をもつと申請すれば、土地が与えられたからだそうだ。

妻の両親も自宅の近くに「ダーチャ」をもち、広い菜園でネギ、タマネギ、ジャガイモ、スナップエンドウ、ラズベリーなどの野菜や果物を作っている。

冬は野菜が獲れないので、家の地下にはジャガイモ、ニンジン、タマネギなどを貯蔵しておく保存庫があり、干し野菜や野菜の酢漬け、ジャムなどの保存食も山ほど作っている。

1991年にソビエト連邦が崩壊してハイパーインフレが起こり、食料品が買えないほど生活が苦しくなったときも、この菜園があったから、保存食を作って長い冬を越し、生き延びることができたという。

僕がこれだけオーガニック食材にこだわる健康オタクになったのは、子どもの頃から**アトピー**★性皮膚炎に苦しめられてきたからだ。

とくにひどかったのは首と目の周り、全身の関節で、かきむしると真っ赤に腫れ上がり、いつも肌がボロボロになっていた。

日本ではかなり多くの人がこの病気で悩んでいるが、海外では稀な病気だと言われ

★ **アトピー**

アトピーという名称の由来は、「特定されていない」「奇妙な」というギリシャ語の「アトポス」であり、アトピー性皮膚炎という医学用語が登場するのは、1933年。アメリカ人の皮膚科医が、皮膚炎と結びつけて使用したことに始まるという。世界アレルギー機構（WAO）の定義するところでは、アトピーとは、主にタンパク質のアレルゲンに強く反応する傾向のことであり、気管支炎、鼻炎などのアレルギー疾患にも冠されることがあるとされている。

る。実際に僕も、サラリーマンを辞めて海外に滞在するようになってから、アトピーがあまり出なくなった。

海外にいるとなぜアトピーが出ないのか？　はっきりした理由はわからない。海外にいるときは、ストレスのない生活をしているからかもしれない。

ただし、東京に帰ってきてシャワーを浴びると、アトピーが出る。水の消毒殺菌に使われるカルキなどが、僕のアレルゲンなのだと思う。

オーガニック食品を食べ、ストレスフリーでストイックな生活をしていると健康的になり、ジャンクなものを食べると疲れやすくなる。僕の身体は本当に正直だ。

だから、「美味しい食べ物」より「健康的な食べ物」を第一に考えている。

健康な身体を作るのは、日々の積み重ねだと思う。

フルオーガニックでがんを克服した!?
ロシアの健康師匠

ロシアの男性は、アルコール度数が40度もあるウォッカを大量に摂取するため、**アルコール依存症**★になるケースが多いという。

「ロシアの男性は本当にアルコール依存症が多い。うちの親族の男性は、みんなそうよ」と妻から聞いたことがあるが、実はお義父さんも、1991年のソビエト連邦崩壊をきっかけに働かなくなり、毎日お酒を飲み暮らしていたそうだ。

そのためお母さんは、必死で働いて子ども二人を育て上げ、とても苦労をした。

そんなお義父さんがアルコール依存症を克服してオーガニック野菜作りの達人になったのは、神が与えた試練があったからではないか……と僕は思っている。

★ **アルコール依存症**
長期の多量飲酒により脳に障害が生じ、自らの意思で飲酒をコントロールできなくなり、脅迫的に飲酒行動を繰り返す精神障害。

お義父さんが若かりし頃、大事件が起きた。

密造酒を飲んで、食道が焼けたのだ。瀕死の状態で病院に運ばれ、小腸を食道に移植するなどして、一命を取り留めた。

今もロシアでは、密造ウォッカで命を落とす人が耐えない。とくに、**ウクライナとの戦い**★が激化して以降はウォッカの売り上げが記録的に伸び、２０２４年1月には、アルコール依存症患者が10年ぶりに増加に転じたそうだ。

ステルス無人機★のような最新兵器が登場しても、ひとたび戦争になれば、恐怖や不安から逃れるために、酒に頼りたくなるのが人間だということなのだ。

さて、話を戻そう。

お義父さんの試練は、それだけで終わらなかった。

今度は食道がん告知だ。しかも「余命1年」。当時40歳（ちなみに、現在の僕と同じ年）だったお義父さんは、「この若さで！」と猛烈に後悔したと思う。

お義父さんは、余命宣告を受けて以来アルコールは一切口にしなくなった。そし

★　**ウクライナとの戦い**
２０２２年２月24日、ロシア軍がウクライナに対して軍事侵攻を開始。２０２５年２月現在も続いている。

★　**ステルス無人機**
レーダーに察知されない特殊な形状や素材を用いた自律飛行可能な戦闘機。高い偵察能力調理定年と低可視性を有し、パイロットの人的リスクを軽減する。軍事技術の進歩により、今後の戦争形態を変える可能性がある先端兵器システムとされている。

て、毎日2時間以上歩いて「健康に良い」と評判の湧き水を汲みにいき、菜園を耕して自分で作ったオーガニック野菜しか食べなくなった。

当時はまだ国が貧しく、高価な抗がん剤などは輸入されていなかったため、同時期にがん告知を受けたアルコール依存症の仲間は、バタバタと死んでいった。しかしお義父さんはがん宣告を受けてから20年以上も元気で野菜作りをしていた。

家族は、「生活をするにはお金が必要なのに、のんびり野菜を育てているだけ。ストレスはないから元気なのよ」と厳しいことを言うが、お義父さんのオーガニック野菜作りや健康維持に対する情熱はかなり評価している。

その情熱のおかげで、僕はキーロフにステイしている間、ずっと美味しい野菜を食べることができたし、「蜂針療法」や「医療用ヒル」という珍しい民間療法も教えてもらうことができた。

「蜂針療法」は、ミツバチの針を使う療法で関節痛や神経痛の改善や美容にも効果があり、日本でも行われている。

「医療用ヒル」を使った治療法は、吸血ヒルを身体に直接つけて血を吸わせることで静脈のうっ血を改善して血流を良くするもので、これは実際にやってみて、かなり効果があると思った。

ただし、僕が背中にヒルを7～8匹くっつけていると、周囲に血が飛ぶので家族は嫌がっているが（笑）。

もし、初めて会ったお義父さんが、家族を働かせて飲んだくれているだけのアルコール依存症だとしたら、リスペクトする気持ちはもてなかったと思う。

でも、無職であろうと、引きこもりであろうと、情熱を燃やせるものを見つけた人は強いし、生き生きして見える。

見栄や欲に流されて生きるのではなく、自分の意志を貫いている人は魅力的だ。

「生涯、情熱をもって続けられることを探したい」と思わせてくれたお義父さんは、僕にとって師匠のような存在だった。

長い闘いを終えたお義父さんは、２０２３年に68歳で永眠した。

ロシア語のアルファベットに大苦戦

オーガニック野菜の宝庫で、自然の中でたっぷり遊べて、物価も安い。いいことずくめのロシアだが、唯一、困ったことがあった。言葉がわからないことだ。

モスクワではそこそこ英語が通じるが、地方都市ではまったく英語が通じない。話しかけられても、何を言っているのかわからないし、店の看板や広告を見ても、何が書いてあるかわからない。

言葉を覚えるときは、片っぱしから目についた単語を読み、答え合わせをしていくと、頭に入りやすいと思ってきた。単語さえ覚えていれば買い物もできるし、最低限の意思疎通ができる。

ところがロシア語のアルファベットである「**キリル文字**★」は、英語のアルファベットと似ているところもあるが、発音がまったく違うので、なかなか頭に入らない。

★ **キリル文字**
ロシア語の表記に用いられているキリル文字は、ウクライナ語、ベラルーシ語、ブルガリア語、マケドニア語、セルビア語、モンゴル語などにも使われている。スラブ人へのギリシア正教会の普及のために、9世紀にギリシア人の宣教師キュリロス（ロシア式の呼び方はキリル）が考案したとされる文字で、その後ブルガリアで改良が加えられたという説がある。

僕が利用しているカザン地下鉄に「Горки」という駅がある。
これで「ゴーリキ」と読む。（ゴールキと発音する場合も）
「Г」は、国際音声記号で「g」。「o」は「o」と英語と同じだが、「p」は「巻き舌のr」。「к」は「k」。「и」は「i」。

とにかく、文字と発音を覚えるしかないので、駅を通るたびに芸能人の剛力彩芽さんの顔を思い浮かべ、「ゴーリキ、ゴーリキ」と唱えて覚えた。

もちろん、ロシアで「ゴーリキー」といえば、文豪**マクシム・ゴーリキー**★を思い浮かべると思う。そっちのスペルは、「Горький」で、シベリア鉄道には、文豪の出身地に因んだ「ゴーリキー・モスクワ駅」がある。

日本人が、「Горки」と「Горький」を聴き分けるのは、とっても難しいと思う。

また、ロシアではアジア人が珍しいために目立つらしく、アルコール依存症のおじさんから声をかけられて、絡まれることが何度もあった。

★ **マクシム・ゴーリキー**
1868〜1936。ロシアの文豪。幼くして孤児になり、極貧の生活を送り、革命運動にのめり込む。社会主義リアリズム文学の創始者として活躍。代表作に底辺の人の生活苦を描いた『どん底』がある。

何を言っているのかわからないので、怖い。もし、殴られて気絶でもしようものなら、マイナス20℃にもなる路上で、「凍死」する危険性があるからだ。実際に妻のいとこ（アルコール依存症だった）は、何らかのアクシデントに遭遇し、路上で気絶し、凍死したそうなので他人事だと笑ってはいられない。

僕も、モスクワからシベリア鉄道に乗り、初めて妻の実家があるキーロフを訪ねたときにマイナス23℃という極寒の世界を経験して驚いた。

日本はもちろん、冬のニューヨークでも着用していたコートや靴ではまったく歯が立たない寒さだったのだ。

「マイナス20℃を超えると、身体が冷えすぎて低体温症になったり、血流障害で免疫力が低下したりするから無理しないで」という妻のアドバイスで、防寒用のコート・ズボン・靴・手袋のフルセットを購入した。

防寒具を着けていれば、田舎町を散歩していても寒くはない。むしろ、ひんやりした空気が頭の中までクリアにしてくれるので、心地いい。

つまり、外にいても動いていれば大丈夫だが、数分間静止していると身体が凍りつくのがロシアなのだ。

僕にとって、さらに厳しかったのが、温度差だった。

マイナス20℃の極寒の世界から、25℃前後の室内に戻ったときは、クラクラと眩暈《めまい》がした。温度差40℃以上なのだから、当然の話だ。

さらに、ロシアでは（最近建てられたマンションなどは別として）、昔ながらの家にはサウナがある。サウナの温度80℃。ここから素っ裸で外に出て、マイナス20℃の雪の上にダイブすると、気温差１００℃。心臓が止まるかと思った。

ロシアで暮らしている人たちは、まったく問題がないという顔をしているので最初は驚いたが、僕も1週間ほどすると温度差には慣れてきた。

1カ月経っても、いや、今も慣れないのはロシア語である。

「Спасибо」スパシーバ（ありがとう）

「Пока」パカー(またね)

一応、この2つさえ覚えていれば、何とかなるけれど。

黒魔術の呪い!?で妻と子どもたちはロシア正教に

子どもたちがロシア正教の洗礼を受け、イスラム教だった妻が改宗した。それは、少しオカルトっぽいけれど、本当にあった怖い話が発端である。

2022年の秋ぐらいから妻が予知夢を見るようになり、家族全員の体調が悪くなった。長女のソフィアと次女のアマヤが続けて3回も入院し、特にソフィアは深刻な状態だった。

薬も効かず、点滴をしても良くならず、3日間水も飲めず、何も食べられない。家族全員が「もうダメかもしれない」と覚悟をしたほどだった。

そんなとき、知り合いから「運気が悪いなら沐浴に行こう」と誘われ、妻と一緒に出かけた。

沐浴をする場所は、カザンの田舎町から車で1時間ほど走り、さらに麦畑の中を20分くらい走った草原にあった。

そこにロシア正教の十字架の形を象《かたど》った木枠があり、湧き水が溜まっている。水温は5℃ぐらい。秋だったので凍死はしないだろうと思ったが、「裸になって頭までつかり、それを3回繰り返す」と聞いたときは、僕自身も体調不良で38℃の熱があったこともあり、すごく不安な気持ちになった。

ところが沐浴をした途端、今まで感じていた寒気が消え、身体が内側からポカポカしてきた。

沐浴を終えて病院に連絡をすると、３日間飲まず食わず瀕死の状態だったソフィアが、痙攣を起こして何か話しているという。

「死んでしまうのではないか」と焦って車を飛ばし、病室に駆け込むと、ソフィアが茹《ゆ》でた野菜を美味しそうに食べていた。あまりにも急に回復したので、家族もドクターも驚いていたが、最後まで病名はわからなかった。

ソフィアが退院してからしばらくして、「黒魔術★を使っている人がいるよ」と、霊能力がある人から言われた。

黒魔術！　僕は霊感ゼロなので、普段ならそんな言葉は信じなかったと思う。ところがこの一件に関しては、納得せざるを得ない気がした。

ソフィアが急に回復して野菜を食べているときのことを思い出したからだ。

僕が「何で病気が治ったの？」とソフィアに聞くと、彼女は「大きなおばあちゃんが来て治ったの」と言った。

ママでも、おばあちゃんでもない、死んでしまった大きなおばあちゃんが来た？

急激な回復の仕方もふくめ、科学では説明できないことばかりだった。

しかし、僕ら夫妻がロシア正教の聖なる泉で沐浴をしたことで、ソフィアのもとに「大きなおばあちゃん」が来て、黒魔術の呪いが解かれたというストーリーは、なんとなく理解できるような気がした。

その後もソフィアは、突然気を失うことが続いた。そこで、イスラエルの有名な教会で子どもたちにロシア正教の洗礼を受けさせ、司祭様に祈祷をしてもらうことにし

★ **黒魔術**
呪術で悪霊の力を借りるなどして、相手を呪う術。

た。あまり熱心ではないイスラム教徒だった妻もロシア正教に改宗することにした。

ロシア正教では、キリストがヨルダン川で洗礼を受けたとされる1月19日に「洗礼祭」が行われる。聖職者が清めた水が聖水に変わり、浴びたり、飲んだりすることで、無病息災につながるというのである。

プーチン大統領★が、「十字型の木枠」を入れた別荘のプールに裸で入り沐浴する映像を見た人もいるかもしれないが、カザンの湖にもあの「十字型の木枠」が設置され、街をあげて「洗礼祭」が行われる。

僕も家族に見守られながら、マイナス20℃の極寒の中で沐浴をした（裸ではなくパンツ姿で）。家族の分も、無病息災を祈った。

こんな話を書くと頭がおかしくなったと思われるかもしれないし、宗教の宣伝だと思われるかもしれない。でも、これは紛れもなく僕が体験したことだ。どう受け取るかは、読む人に委ねたい。

★ **プーチン大統領**
1952年生まれ。第2・4代ロシア連邦大統領。ソビエト連邦ミール時代の元KGB諜報員で、1999年から断片的に大統領を務める。経験なロシア正教徒としても知られている。

プーチン大統領も愛用するロシアの車を断念……

ロシアで結婚し、子どもが産まれて少し経った2020年、車の購入を考えた。ロシアで人気の車にLADA NIVA（ラーダ・ニーヴァ）がある。あのプーチン大統領が釣りに出かけるときに愛用しているという小型の本格クロスカントリー車で、日本では「ロシア版ジムニー」とも呼ばれている。

この車を一度見てみたくて、家族でカーディーラーに立ち寄った。

LADA NIVAは、旧ソ連時代の1977年に登場して以来、半世紀近くもモデルチェンジをせず、マイナーチェンジのみで生産され続けてきたため、構造が単純で、見た目もシンプル。「無骨」という言葉がピッタリだ。ただし、

●エアバッグがついていない。

●加速がメチャクチャ遅くて、０→１００キロまで20秒近くかかる。
●最高時速は１４０キロ程度と軽自動車並。
●10㎞／Ｌ程度と燃費が悪い。

と、決して性能がいいわけではない。

それでも、その無骨さゆえに、世界中に愛好者がいる。排ガス規制に対応した先進国モデルは日本にも並行輸入され、３００万円近くするのに売れているという。

ちなみに、ロシアの現地モデルは、約55万**ルーブル**★。日本円で94～１００万円程度で購入できそうだった。

僕は、「ロマンのある車だなぁ」とアピールしたが、妻はまったく興味を示さず、フランスのメーカー「ルノー」のコンパクトカーを気に入ったようだった。

見た目や性能は、日本車や欧州車とさほど変わらず、74万ルーブル（１２６万円程度）で購入できるが、妻が言うように、ロシアの清々しい春や夏に、川遊びや野イチゴ狩りに行くにはちょうどいい車かもしれない。

そんな妻の意見を聞きながら、ふと思ったことがあった。

★ **ルーブル**
ロシアの通貨単位。「一定の価値をもつ銀塊」という意味のロシア語で、中世ロシアでは銀塊が高額通貨の代わりに用いられていたことに由来する。

僕は人と違うことを求めるタイプなので、LADA NIVAに惹かれるのだ。そして、よくよく考えてみたら、人と違うことを追い求めてきたから、「ロシアに住む」ことになったのだ。であれば、LADA NIVAに一度は乗ってみるべきかもしれないと。

しかし、ロシアは交通事故が多い。安全性を考えたら、やはり日本車がベストだ。ロシアでも日本車は根強い人気がある。そのとき候補に挙げたのは、こんな車だった。

- **トヨタ　ランドクルーザープラド　約600万円**
- **トヨタ　RAV4　約350万円**
- **マツダ　CX-5　約400万円**
- **スバル　フォレスター　約400万円**
- **日産　エクストレイル　約400万円**
- **フォルクスワーゲン　ティグアン　約400万円**

現在はもうないが、当時はトヨタ、三菱はロシアに現地工場があり、すべての車種ではないが、他のメーカーよりも少し安かった。

一度はトヨタの「ランドクルーザープラド」にしようと結論を出した。しかし、最終的に購入したのは先程の「ルノーサンデロ」。約126万円（日本未発売）。

なぜこんなに安かったのかというと、

●後部座席の窓の開閉は手動。

●自動ブレーキはなし。

●オートマではなく、マニュアル！

だったからだ。

妻と話し合い、ルノー購入を決断した理由は以下の3点。

●そもそも、我が家では、それほど車を使わない。

●安全性には懸念が残ったが、最新モデルなので中古車よりは安全だと判断。

●当初の貯金（約600万円）から車の代金を引いた差額、約500万円を投資用、不動産物件の購入費用に充てる。

この決断をした半年後、僕たちはカザンに投資用の新築マンションを買った。ランクルを買わずに**節約**★したことで残った約500万円があったから買えたのだ。

「浪費をするなら、投資をしろ！」が、身に染みた経験だった。

★ 節約
購入したルノーサンデロは、ロシアのメーカー以外の、海外メーカーの車の中では最安レベル。このときの節約は、後の人生を大きく分けた決断だった。

ロシアで投資用マンションと一戸建てを買う！

そもそもロシアは物価が安い。ということは、不動産も当然安い。エリアにもよるが、２０２０年の時点では、カザンに新築30㎡のマンションを購入するなら、５００万円～が相場だった。

トヨタの「ランドクルーザープラド」を購入するのを諦めて５００万円を貯金していた僕らは、その半年後に、カザンに良さそうな19階建ての物件を見つけ、**新築38㎡で約６００万円のマンションを購入した。**

ロシアの新築マンションは、内装工事をしていない状態で引き渡すのが一般的だ。ドバイで不動産会社に勤務していた妻が自分でインテリアプランを立て、施工会社に指示をして内装工事を行ったため、内装にかかる経費は安く抑えることができた。そ

れでも、施工費は100万円。トータルで700万円ほどかかった。しかし購入から1年半後、

マンションの価格は1100万円になった。なんと、約1・5倍である。

コロナウイルスが流行る少し前から、カザンにはマンションが次々と建設されるようになっていた。高速道路も建設され、カザンは、モスクワ、サンクトペテルブルクに次いで、ロシアで3番目に大きな都市になるだろうと噂されるようになった。その予想通り、不動産は値上がりしてくれたというわけだ。

カザンに購入したマンションの1カ月の家賃は4・5万円。
「年間家賃収入＝54万円」－「保険・修繕積立＝5万円」＝49万円
実質利回りを計算すると、
49万円÷700万円＝7％

不動産価格が上昇したために、一般的な新築マンションではありえないほど高い利回りになっている。

僕自身は、これまでは「自己投資！」と称して、ほとんど貯金もせずにずいぶん無駄使いをしてきた。サラリーマンを辞めて自分でビジネスをするようになってからは、お金の苦労もしたので少しは使い方を考えるようになったが、サラリーマン時代はひどかった。

●毎日のようにネット通販で無駄にモノを買いまくる。
●半年に一度パソコンを買い替える。新しいスマホが出れば買い替える。
●東京の都心で家賃12万円のワンルームマンションに住み、車を所有して月に5万円もする駐車場代を払っていた。

結婚して子どもができてからは、こんな浪費はしなくなった。なぜなら、妻が僕と真逆の性格だからだ。

ソビエト崩壊で紙幣が紙くず同然になり、パンさえ買えない貧乏生活を経験してきた彼女には、**「浪費をするなら投資！」「現金は絶対持つな！」「貯金をするより不動産！」**という考え方が叩き込まれている。1円たりとも無駄にしないし、野菜くずさえ「肥料にするから捨てないで」と有効活用する。

もし、僕の浪費癖が直らず、トヨタの「ランドクルーザープラド」を600万円で購入していたとしたら、2年後にどうなっていたか……。

ロシアは日本よりも車が値下がりしにくいので、500万円程度で売れていたかもしれないが、**資産は、「マイナス100万円」**になる。

しかし僕たちは、同じ600万円で車ではなくマンションを購入し、1100万円に値上がりした。施工費100万円を引いても、**資産は「プラス400万円」**ということになる。一瞬の選択で、これだけ変わるということだ。

しかも、マンション投資は貸し出すことで収入を生み出す。あくまで結果論だが、このときは妻の意見に合わせて欲しい車を我慢し、先に自分たちの資産づくりをしたことが大正解だった。

実は、カザンに投資用のマンションを買う少し前、別の物件も購入を考えていた。カザンの郊外に「リトル・トーキョー」と銘打った住宅地ができるということで、日本の住宅メーカーが建設している一戸建て住宅を見学に行ったのだ。

流暢な日本語を話すロシア人に案内された建築中の2階建ての物件は、当時のレートで、一棟1000万円程度。日本の建材を使い、エアコンなども日本製を使うということで、価格は少し高めだったため一旦は諦めた。

それから一年半後、再び「リトル・トーキョー」を見学に行った。一戸建てが180棟建つ予定と聞いていたが、すでに100棟は建っていた。

未完成物件1800万円（内装工事費実費）。ほぼ完成物件2500万円。

契約の段階まで進んでいたが、ウクライナとの戦争の影響でルーブルの価値が急騰。外貨しか持っていなかった僕らは、資金が足りなくなり結果的にリトルトーキョーの購入を断念した。その後、近くに、価格が約半分の一軒家を見つけ、カザンへ引っ越すことにした。

ロシアでの僕たちの生活は、妻のおばあちゃんから譲り受けたキーロフにある古い家からスタートした。家賃はないので貯金はできたが、かなり古かったので、給湯器が壊れてお湯が出なくなり、ヤカンでお湯を沸かして子どもを入浴させるなんて生活を1年近く続けたこともあった。

妻は投資用物件をいくつか所有していた。家賃が安い築65年の「フルシチョフカ」もそのひとつ。「フルシチョフカ」とは、１９６０年代のフルシチョフ首相時代に政府によって建設された集合住宅のことだ。ロシアは地震がほとんどないので、これだけ古いマンションでもそれなりの価格で売れる。31㎡、４５０万円。ロシアでは平均年収が低いので、新築よりも安い中古マンションのほうが売れるのである。

その後、投資用のマンションを購入して賃貸収入を得ることができるようになり、一戸建て住宅の購入資金も捻出でき、お金に追われることがなくなった。何より、精神的にすごく楽になった。

精神的なゆとりができれば、自分にも家族にも、人にも優しく接することができる。20代、30代は好奇心が大切だったかもしれないが、家族をもった今は、つねに精神的ゆとりをもっていることが、大切だと思うようになった。

COLUMN 4

ロシアの健康法

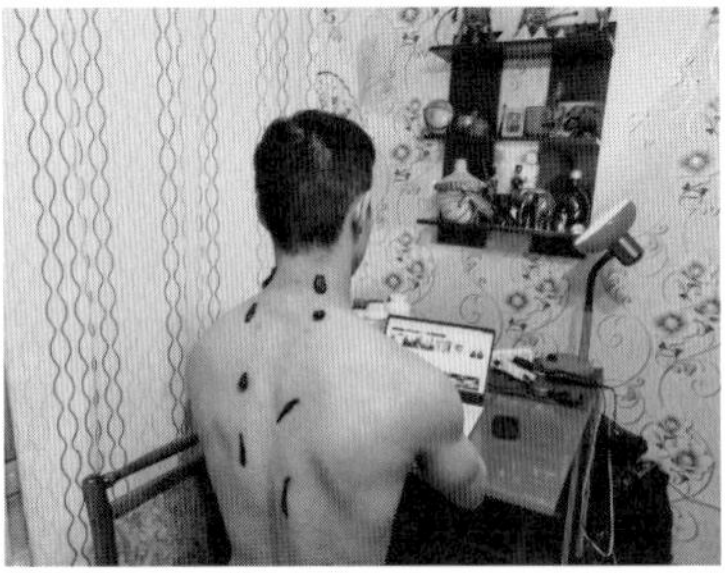

オーガニック野菜を自ら作って食べ、がんの告知を受けてから28年も元気に菜園で働き続けたお義父さんが実践していた健康法に、「医療用ヒル」がある。「ヒル」とは何かというと、池や川、湿地に生息して、魚や両生類、水鳥などの生き血を吸う生物のことである。この吸血ヒル、古代エジプトから医療用に使われ、中世ヨーロッパを熱狂させたスグレモノらしい。

ロシアでは、「医療用ヒル」が1匹100ルーブル（約150円）程度で売られていて、肩こりがあれば肩に、足が痛ければその患部にヒルをつけ、血を吸わせるという治療法が今も行われている。ヒルの唾液には血液を凝固させない成分があり、悪い血が外に出て血流が良くなると聞いていたのでやってみると、血流が良くなって体が痒くなるほどだった。

ヒルが血を吸い終わったら（ヒルは悪い血を吸っているので、使い回しはできない）患部にガーゼを当て、テープで止めておくのだが、想像以上に出血して、ソファーやベッドが血だらけになってしまうことある。そんなときは、妻がキレて大変なことに……。 健康を得るためには、代償も必要なのだ。

ちなみに、日本でも売られている血行促進をしてくれる保湿用の「ヒルドイド」クリームは、ドイツ語のHirudo（ヒル属）と～ oid（～のようなもの）を組み合わせた名前だそうである。ヒルが血行促進にいいというのは、どうやら間違いなさそうだ。

第５章
足るを知る幸せ。
豊かなローコストライフ

夢のノマドワークを経験してみて見つけた、自分らしい働き方

世界中の好きな場所を転々としながら、パソコンを使って仕事をする人たちのことを「ノマドワーカー」と呼ぶ。「ノマド」とは英語で「遊牧民」のことなので、うまい名前をつけたものだと思う。

僕も、ノマドワークをしながらさまざまな国を暮らすように旅して、自分の理想郷を見つけ、家族をもち、「家族と海外で生活したい」という夢を追いかけてきた。子どもが小さいうちは「家族でノマド生活」は無理かもしれないが、子どもが巣立ったら、「夫婦でノマド生活」も楽しいかもしれないと感じている。

ノマドワークのメリットは、

● 世界中どこでも、自分の好きな場所で仕事ができ、視野が広がる。

- **日常とは違う環境に身を置くことで、いい刺激を得られる。**
- **モチベーションが上がり、いい仕事ができる。**
- **人との出会いが広がり、人生が豊かになる。**

などが挙げられると思う。

しかし、いいことばかりではない。デメリットだってある。僕がノマドワークを始めた頃は、次のようなことに悩まされた。

- **お金がかかる（安い民泊などを上手に使うことを学んで解消）。**
- **食生活が乱れて、健康的な生活の維持が難しい。**
- **時差ボケや慣れない環境で体調管理が難しい。**
- **観光をしながら仕事をすると、体力的に厳しい。**

僕自身、現在はコンサルティングの仕事が中心なので、「ノマドワークをしたい」という相談をよく受ける。そんなときに必ず伝えているのが、「海外へ行けば人生が変わるかも！」という軽い気持ちでスタートしてもうまくいかないということだ。

ビジネスの基盤ができていないのに海外に行き、観光をしながらノマドワークを楽しもうと考えていると、お金がなくなり、早々に帰国する羽目になる。

ビジネスを軌道に乗せるうえで一番大切なことは、「日々コツコツ頑張る」こと。日本でコツコツできない人が、「憧れていた海外に行ったら急にコツコツできるようになった」なんてことは、あり得ない。

実は昔の僕も、本気でコツコツができない頃は失敗続きだった。

●サラリーマン時代に、友人とシルバージュエリーの副業に挑戦して失敗。
●英語に挑戦するが、気分が乗らず失敗。
●起業の勉強会に通い始めるが、途中で通うのをやめてしまう。

「副業を始めたいが、ダメだったら別のことをやればいい」という甘い考えや、「副業も、英語も、起業の勉強もやりたい」と欲張っていたら、決してうまくはいかない。

起業セミナーで、年収1億円を超えるビジネスの大先輩から言われた印象的な言葉がある。

「副業を副業感覚でやっていると、まず、失敗するだろうね」

副業だろうと何だろうと、本気で取り組まなければ成功しないということだ。

僕も、今は本当にそう思う。ビジネスは片手間でできるほど甘くないということをわかってもらうために、相談を受けたときは、次のようなアドバイスをしている。

- **目標を一つに絞り、一点集中で取り組む。**
- **ブログやYouTubeを始める場合でも、新しい会社を作る勢いで取り組む。**
- **日本で自分ができそうなビジネスにチャレンジし、月収10万円、20万円を安定して稼げるようになってからノマドワークに挑戦する。**
- **失敗しても、落ち込んでも「諦めずに続ける」。**

なかでも、一番大切なのは、「諦めずに続ける」ことだと思う。諦めなければ、必ず理想に近づいていく。そのためには、つねに自分の理想の暮らしを描いておくこと。言葉にして確認しておくことだ。

そうしないと、夢は日々の忙しさに流され、理不尽な世の中に潰されてしまうから。

幸せに生きるための お金の使い方

東京で家族4人が生活する場合をシミュレーションしたケースは、第一章で紹介したが、年間の生活費は約600万円。将来のため、子どものための貯金をすることを考えると、1000万円近くは必要だと思っていた。

ニューヨークは家賃や食費が高いし、ドバイは家賃だけでなく幼稚園の費用などがバカ高く、年収1000万円で生活費とトントン。貯金はできない。

ところが、僕たちが住んでいるロシアの田舎町では、公立の保育園・幼稚園や学校、医療費は無料だし、光熱費は冬でも3000円程度。食費も安く、野菜も菜園で作るため一カ月の生活費は10万円で足りてしまう。

ちなみにロシア全体の平均月収は、2024年のデータを見ると、**約12万円**★。モス

★ **約12万円**
ロシア統計局（https://gogov.ru/articles/average-salary）が公開しているデータを参考にしている。ただし、ロシアに住んでいる体感としては、住み始めた2019年よりも現在のほうが生活水準が上昇しているように感じる。

クワだと約24万円、カザンは約11万円となっている。

そうなると、「月収は最低30万円あれば、大丈夫だ！」と気持ちに余裕が生まれる。余裕があると、自分の人生に合わせて仕事をコントロールすることもできる。

例えば、

- **子どもが生まれるから、ここから半年は仕事をしないでおこう。**
- **夏場は菜園を手伝うので、仕事をセーブしておこう。**
- **車が欲しい、家を買う、日本に里帰りするから、仕事を頑張ろう。**

といった具合に。


「日本の給料を基準にしながら、物価が安い国に住むのは、天国だ！」と僕は思う。

もちろん、同じように考えている人もいて、コンサルティングを行っているクライアントさんには、「将来の目標は、家族でフィリピン移住です！」という人もいた。

物価が安いアジアは、人気の移住先だ。４人家族なら家賃は４〜５万円。食費も同程度で済むため、生活費は10〜15万円あればいい。そう考えると、20万円程度の利益を上げることができれば、暮らせることになる。

人生一度きり。どんな生き方をするかは人それぞれだが、世界を旅して僕が選んだのは（すでに紹介したが）、心のゆとりをもち、家族と豊かに生きるライフスタイルだ。

- **税金などを差し引いて、５００万円前後の手取り。**
- **年間１００万円程度で暮らせる、物価が安い場所に住む。**
- **日頃は節約生活をしつつ、趣味の旅行用に年間１００万円は確保。**
- **余った３００万円を貯蓄し、投資に回して資産を築く。**

さらにもうひとつ、僕が長年続けているお金の使い方がある。それが、寄付だ。

始めたのは、最初に社員として勤務した会社の同僚（「ねぇ森くん、一緒に会社を辞めない？」と言った彼）から、

「人生がうまくいく秘訣を教えてあげる！　寄付に回すといいよ。いいことをしておくと、いいことが返ってくるから」

と言われたことがきっかけだ。

ちょうど25歳になるときだったので、「善行をしよう」と、当時の給料の1％であ

る３０００円から、毎月の寄付を始めた。
どこに寄付するかは迷ったが、子どもには何の罪もないのに、戦争や貧困で死ぬのは可哀想だと考えていたので、ある国際的な慈善団体にした。
収入も増えたので毎月１万円を寄付していたところ、２０１９年10月に、愛知県の自宅に団体から書類が届いた。たまたま帰国していたので開封してみると、募金を10年継続した感謝状だった。

商品のすり替え詐欺や５００万円分の商品持ち逃げなどのトラブルに遭ったときも、「自分は人のためになることをしている。大丈夫だ、これ以上悪いことは起こらない」と思ってきた。寄付をしていることは、僕にとって「お守り」でもあったのだ。

団体から感謝状が届いた日、まったくの偶然だが、ロシアで第一子が生まれた。長女のソフィアだ。初めて顔を見ても父親としての実感は湧かなかったが、夜泣きで眠れない日々を過ごすうち、次第に責任感らしきものが芽生えてきた。この子たちが元気に、よりよく生きていけるように、今は日本の教育施設に寄付をしている。

僕たち夫婦が大切にしていること

僕らが夫婦円満な生活を送るために工夫していること。それはお互いの趣味である、「旅」する時間を作ること。

旅といっても、子どもたちと一緒だと、目的地はファミリー向けのホテルやリゾート、テーマパークなどになる。そして子どもの世話に追われ、休む暇もなく、一日が終わる頃には、夫婦ともにクタクタになる。

もちろん、疲れたとしても、子どもが楽しんでいる様子を眺め、成長を感じることができるので、これはこれで悪くない。ただし、家族で行く場合は、「旅」ではなく「旅行」という言葉が適切かもしれない。

僕ら夫婦の趣味は「旅」なので、必然的に「一人旅」になる。

★ **ウズベキスタン**
ウズベキスタン共和国。首都はタシュケント。公用語はウズベク語。19世紀にロシア帝国に組み込まれ、1991年9月、ソビエト連邦より独立。

次女のアマヤが2歳になり、保育園へ通い始めたのを機に、お互いに「一人旅をする時間をもとう」と決めた。

僕はこの半年間に、**ウズベキスタン**★、**カザフスタン**★、**キルギス**★を旅した。妻はロシア国内の教会巡りをしていて、この前は**サンクトペテルブルグ**★からバスで5時間ほどの場所にある、有名な教会で寝泊まりし、ボランティアとして掃除や調理補助などをしながら、かけがえのない経験をしたと喜んでいた。

目標は、「お互いに年2～3回、一週間ずつ一人旅をすること」なのだが、**一年目から目標が達成できそうな、いいペースだ。**

僕がやってきた「自分探しの旅」の話とかぶるかもしれないが、日常生活から離れ、一人で旅に出ることで、普段見えないことに気づくことができる。

仕事や子育て、家事に追われていると、たとえ一日くらい自分の時間ができたとしても、昼寝をしたり、YouTubeを見て時間をつぶしたり、ダラダラ過ごすだけで終わってしまい、「ゆっくり考える」ところまでは至らない。でも、日常から少し離れた場所に身を置き、俯瞰するように自分の毎日を見返してみると、日々の良いこと、

★ **カザフスタン**
カザフスタン共和国。首都はアスタナ。公用語はカザフ語、ロシア語。18世紀にロシア帝国に統治され、ソビエト連邦崩壊直前（4日前）の1991年12月21日に独立。

★ **キルギス**
キルギス共和国。首都はビシュケク。公用語はキルギス語、ロシア語。19世紀にロシアに併合され、1991年8月、ソ連8月クーデター失敗を機に独立。

★ **サンクトペテルブルグ**
ロシア西部のレニングラード州にあり、首都とモスクワに次ぐロシア第2の都市。ロシア帝国時代は首都であった。ロシア語で「聖ペテロの街」を意味する。

悪いこと、続けた方がいい習慣、やめたほうがいい習慣などがぼんやりとわかってくる。同時に、妻がいない時間を経験することで感謝しなければいけないことも、わかってくる。

妻が1週間旅に出ている間は、僕が一人で育児を担当する。

普段は、朝7時頃にはみんな起き、妻が焼いてくれたパンケーキや温かいホットココアを飲んでから子どもたちは保育園に出かけるのだが、妻がいないと、ぐずる子どもたちに朝食を食べさせることさえ、ままならない。

出掛ける15分ほど前に車のエンジンをかけ、エアコンを22℃に設定して車を温める。これはロシアの冬では当たり前のことで、ほとんどの人がやっている。

次女のアマヤの髪をとかし、結び、歯を磨き、服を着せ、冬用の分厚いコートを着せる。次は長女ソフィアの身支度をし、二人を車に乗せて、保育園へ向かう。

寒いロシアでは、インナーや厚手のコートなど服を着せるのにけっこう時間がかかる。着替えに手間取ると「保育園行きたくない！」と言いだすこともあるので、機嫌を取りながらスピーディーに身支度をする。

カザンの自宅から保育園までは車で約5分。8時に保育園に到着し、アマヤを「2歳クラス」へ、ソフィアを「年中クラス」に預ける。

1クラス20人以下で、毎日、通園しているのは15人程度。ロシアでは小学校の夏休みが3カ月間あるからか、保育園を休んで自宅で過ごしている子どもも多い。毎日通園するのが当たり前な日本とは、少し考え方が違うようだ。

帰宅をしたらエスプレッソを入れてひと息つく。そして、仕事部屋のデスクの前に座り、パソコンの電源を入れて仕事をする。

子どもたちを保育園に迎えに行くのは、17時。子どもたちは帰宅すると同時にレゴで遊び始める。僕はフライパンで白米を炊き、夕食の準備をする。

一応、保育園では夕食が出るのだが、軽めのメニューなので、我が家のわんぱく二人娘には物足りないらしい。今日のメニューは照り焼きチキン、ブロッコリーサラダ、チキンスープ。美味しそうに食べてくれる姿を見るのは、やはり嬉しい。

二人の遊びに付き合い、お風呂に入れて、寝る頃には、僕のほうがヘトヘトだ。

これを毎日やってくれている妻には、本当に感謝しかない。

夢を叶えたいなら、「ドリームサポーター」になろう

世界を旅するようになって、日本は本当に恵まれた国だと思うようになった。餓死するわけでも、仕事がないわけでも、学ぶ環境がないわけでもない。一年頑張って仕事をすれば貯金もできて、起業や副業、海外へ出て行くチャンスもある。マナーがよく、勤勉で、技術力が高い国だと国際的な評価も高いので、海外でも日本人はリスペクトされる。これは大きなメリットだ。

その一方で日本のデメリットも、海外に出るとよくわかる。

例えばロシアの人たちは、「他人のことは気にせず、本音で生き、我が道をいく」。ところが日本人は「他人のことを気にして、本音を隠し、みんなと同じ道をいく」。

なぜなら、日本で普通の生活からはみ出して個性を出そうものなら、「変わり者」「わ

がまま」とレッテルを貼られてしまうからだ。

それを跳ね返せる人もいるだろうが、レッテルを貼られて潰されてしまうことも多い。そして、世間一般の「〇〇でなければいけない」という考え方が正しいかのように刷り込まれていく。

●30代なら貯金は〇〇円なければいけない。
●有名な大学を卒業し、有名な企業に就職していないと結婚は難しい。
●会社員なら、社内付き合いが悪いのは良くない。

というように。

ロシアは経済的に豊かな国ではない。でも、公立の保育園・幼稚園や国立の学校（日本の高校まで）は無条件で完全無償だ。

一方日本は、経済的に豊かでありながら、保育園への入園は難易度が高すぎた。なかなか日本語が上達しないソフィアを日本の保育園に入園させたいと思い相談をしてみると、公立の保育園は「両親が共働きでなければ入園できない」「祖父母と同居だと、数時間しかあずけられない」といった縛りがありすぎて、身動きが取れなくなってしまった。

日本人は現実主義的な傾向が強く、夢を追う人に対して厳しいと思う。

サラリーマン時代、僕が「将来、海外に住みたい」「起業をしたい」と言っても、真剣に聞いてくれる人は誰一人いなかった。

「そうなんだ」と気のない相槌を打ってくれる人はいたが、いつも返ってくるのは「無理だよ」「叶うわけない」「いつまでも夢を見ていないで、現実を見ろよ」といったネガティブな言葉ばかりだった。

言葉というのは無意識のうちに自分の心の中に刷り込まれていくから恐ろしい。ネガティブな言葉ばかり聞いていると、自分でも「無理だろうか……」と自信をなくし、いつの間にか夢を忘れてしまい、流星のように消えてしまう。


だから、真剣に話を聞いてくれない、夢を潰しにかかる「ドリームキラー」とは早めに別れるか、距離を置いたほうがいい。

今までの自分の人生を振り返ってみても、夢を応援してくれて一生付き合っていけると思える人は、本当に一握りだ。

でも、そんな「ドリームサポーター」に出会えたら、一気に道が拓けていく。一人いるだけでも全然違う。

例えば次の二人は、間違いなく僕にとっての「ドリームサポーター」だ。

●精神的にも健康面でも大変だったときや、売り上げが下がったときも、悩みを聞いてくれた税理士さん。

●常にポジティブに「なんとかなるわよ！」と応援してくれる妻。

二人がいてくれたから、大変な時期やトラブルを乗り越えて成長できたと思っている。そして今は、僕の理想や夢を応援してくれる仕事仲間やクライアントさんに囲まれながら、心から幸せを感じて毎日を過ごしている。

人生とは、共感してくれたり、応援してくれたり、理解してくれる人を探す旅なのだと思う。

そういう人と出会いたいなら、まず、自分がそうなればいい。僕自身も、今、夢を叶えたいと頑張っている人の「ドリームサポーター」でありたいと思う。

YouTubeは最強の名刺

２０１９年に結婚してロシアに移住し、長女が生まれた。２０２０年からYouTubeを始めた。

始めたきっかけは単純で、ロシアに関するYouTube動画配信がとても少ないと感じたからだ。

配信が少ない理由は、以下の3点に集約されると思う。

●ロシアには入国ビザが必要（気軽に行って撮影ができない）。

●動画配信するにはロシア語が必要になる場面が多い。

●暗いイメージがある。

ところが僕が見たロシアは、暗いイメージなどなく、ダーチャ文化やオーガニック食材をはじめ、とても豊かなものだった。それを伝えたかったし、ロシア語の練習にもなると思ったからだ。

モスクワでは英語が通じるが、ロシアの田舎町では英語が通じない。僕自身、ロシア語がまったくできない状態で移住を決めたわけだが、日常会話やトラブル対応ができる程度の語学力は身につけていかなければいけない。

さらに言うなら、この本を書くにあたって告白したことだが、吃音の影響で人前で話すことへの苦手意識に打ち勝つために、人前で話すことにあえて挑戦してみようという裏の目的があった。

最初から、ロシアだけの映像を届けていたわけではなかったが、コロナウイルスが流行り、食糧危機が話題になって以降、ロシアの古い実家の地下にある、貯蔵庫の備蓄や自給自足が中心のダーチャ文化など大きな反響があり、驚いた。

やはりYouTubeは、仕事を広げる最強の名刺だと思う！

僕は、輸入事業が軌道に乗ってきた2016年からブログをスタートした。

当初は、仕事のノウハウや成功の秘訣について紹介していた。これから物販のビジネスを始めたい人には、それなりに役に立っていたと思う。

やがて、旅先で見つけた面白いこと、感じたことをブログにアップするようになった。そんなある日、ブログに、意外な反応があった。

「僕の究極の安らげる場所は、皇居、長野県の蓼科、**京都の糺《ただす》の森**★、ニューヨークのセントラルパークの奥深い森、バルセロナの秘密の丘……。ストレスが溜まったら、皇居の芝生で昼寝をしています」という僕がアップした内容に、

「私も皇居の昼寝で、精神的均衡を保っていました」というメールが届いたのだ。フォローしてくれる人がまだ少なかったので、「皇居の芝生で昼寝」つながりの人がいたことは驚きだったし、共感してもらえたことが、すごく嬉しかった。

仕事のノウハウを発信して、「収益が上がりました！」とメールをもらうことも嬉しいが、自分の経験談や苦労話に共感してくれる人がいることは、もっと嬉しい。この事実が、自分が進む道を決めてくれた。

商品を右から左へ流して仕事を自動化して儲けても、人とのつながりからはどんどん離れていくだけだ。それならば、物販よりも共感してくれる人のサポートができる

★ **京都の糺の森**
紀元前3世紀ごろの原生林と同じ植物が残されている京都・下鴨神社（国宝・賀茂御祖神社）周辺の森。ユネスコの世界文化遺産にも登録されている。

コンサルティングや情報提供を仕事にしようと舵を切ったのである。

YouTubeの再生回数がさらに伸びたのは、２０２２年2月以降、ウクライナとの戦いが激化したことも、一つの要因だ。

決して喜ばしいニュースではないので内心は複雑だったが、スーパーの買い占めによる品切れ、銀行の取り付け騒ぎ、ハイパーインフレが起きているなどのメディアの誤りや偏りを感じ、真実を伝えたいという使命感に駆られて動画をアップした。

その後も、ロシア政府がYouTubeを規制、ロシア政府への経済制裁で日本車やタイヤが買えなくなるといったニュースが流れれば、多くの人が僕のYouTubeをチェックしてコメントをくれるようになった。

２０２４年12月21日、カザンの町にドローン攻撃があったときは、一気に33万回視聴になって驚いたが、日本でニュースにならないことは、これからもできる限り丁寧に伝えていきたいと思っている。

世界を旅してわかった自信の「正体」

40歳になった。若い頃に思い描いていた40歳の自分は、父親のように

●仕事で残業、残業の毎日。
●責任も出てきてストレス。
●子どもと遊ぶのは週末がメイン。

と思っていたが、ロシアで在宅ワークをしながら、子育てもして、あまりストレスのない生活を送っている。サラリーマンを辞めたのは29歳のときだったが、そのとき、自分の人生にこんな生活が待っているとは思ってもいなかった。

●29歳　**サラリーマン生活を辞める。**フィリピンに語学留学。
●30歳　起業して物販ビジネスを始める。
●31歳　仕事を輸入仕入れの物販に絞る。

●32歳　**ビジネス拡大路線を進むのではなく、自分探しの旅に出る。**
●33歳　旅の途中でロシア人女性に出会い、のちに結婚。ブログ開始。
●35歳　**長女ソフィアが産まれたことを機に、物価が安いロシアへ移住。**
　コンサルティングと不動産投資をメインの仕事にする。

　YouTubeを始める。
●37歳　次女アマヤ誕生。
●38歳　ロシア・カザンに一軒家を購入。
●39歳　夫婦で「年間2〜3回の一人旅計画」を実行に移す。

振り返ってみると、山あり谷ありの10年だった。

サラリーマンを辞めたときは、「この先どうするんだ」と本当に悩んだ。でも、「海外で暮らしてみたい」という子どもの頃の夢を諦めなかったから、今がある。

そして、自分探しの旅に出たから妻と出会い、理想的なライフスタイルを手にすることができた。旅が、僕の人生を変えてくれたのだ。

もしも、今も東京で暮らしていたとしたら、サラリーマンだろうが、起業していようが、生活費を稼ぐための仕事に追われ、子どもと遊ぶ時間は取れず、ましてや、夫婦それぞれが自分の「旅」を楽しむ時間など作れなかったと思う。

もちろん、すべての決断が上手くいったわけではない。数多くの失敗や後悔、挫折も経験した。ロシアで生きて行くことを決めたものの、「滞在ビザ取得のためにはロシア語ができなくてはいけないこと」が判明して絶望的になったり、日本人やアジア人がいないロシアで生きていけるのかと、壁にぶち当たったりすることもあった。

そんな極寒のロシアで、悩みながら、何度も聴いていた曲が、Bank Band★ with Salyuの「MESSAGE－メッセージ－」だった。

何をやってもうまくいかないときでも、この試練にはきっと何か大切な意味がある、きっとうまくいくから夢を諦めないで、という意味の歌詞にどれだけ励まされたかわからない。

「自信がないからやらない。無謀なことはしない」という人がいる。でも、何事もやってみなければわからない。行動してみなければ前に進まない。

僕も、若い頃は本当に自信がなかった。「海外で暮らしたい」「起業をしたい」と思っ

★ Bank Band
音楽プロデューサーの小林武史とMr.Childrenの櫻井和寿を中心とした、2004年に結成されたスーパーバンド。僕が大好きな『MESSAGE－メッセージ－』は2018年に発表された5枚目のシングル。2025年1月に7枚目のシングル『カラ』が発表された。

ていても、周囲から「無理だよ」と言われ、何度も落ち込んだ。英語習得にチャレンジしても根気がなくて続かず、話せる自信さえ、無くしかけていた。でも、

自信の正体は「経験」なのだ！　自信は「経験」の積み重ねでしか生まれない！

知らない土地で電車が来ない、マフィアに絡まれる、言葉が通じない……。そんなトラブルを乗り越えた経験が、自信へとつながる。

「自信があるから挑戦する」のではなく、「挑戦したからこそ、自信が生まれる」。そうして経験が、僕の人生を大きく変えてくれた。

２０２４年11月、カザフスタンに一週間、一人旅をした。

訪ねたのは、「OLD JAPANESE TRAIL(日本の古人がつくった道)」。シベリアに抑留された日本人が作った道だ。現在では、地元の人たちがハイキングを楽しむトレイルになっていて、山の中には日本人が整備した水道管も通されていた。

80年前、シベリアの過酷な寒さの中で、これほどの道を作り上げた日本人たちに思

いを馳せながら、40代を迎えた自分の生き方と、20代、30代を振り返った。
20代、30代の自分は好奇心をエネルギーに、世の中が示す「成功モデル」が自分の目標だと思い込み、「もっと稼ぎ、豊かな生活を手に入れたい」と夢を抱き、無我夢中で走り続けた。しかし、30代後半に世界を巡る旅を重ねるうちに、ようやく「自分らしい生き方」を見つけることができた。

そして今、気づいた。「足るを知る」の本当の意味を。
「足るを知る」とは、今あるものに対して心から満足し、感謝すること。でも、そうじゃない。**老子**★は、「知足者富（足るを知る者は富む）」と説いている。つまり、**本当の豊かさとは見た目の成功ではなく、内面の豊かさや成熟にあるということなのだ。**

40代をどう生きるか……。40代は精神的な余裕を持ちながら、家族との時間を大切に過ごしたい。子どもたちが健康で、思いやりのある人間に育ってくれれば、それだけで十分だと思う。そして、もし可能であれば、子どもたちの夢をサポートし、次の

★ **老子**
中国・春秋戦国時代（生没不明）の哲学者。道教の始祖とされる。

世代がさらに良い世界を作り出せるような循環を生み出せたらと思う。そして、共感できる仲間と出会い、何か新しいビジネスができたら最高だ。

これからの時代をどう生きるか。

戦争、紛争、ウイルス、インフレ、増税……。世界を取り巻く状況は不安な要素ばかり。変化が早く、何が起こるか予測できない時代だ。だからこそ、固定観念に縛られることなく、柔軟な考えをもち、臨機応変に生きることが大切だと実感している。

日本に住むことだけが唯一の選択肢ではない。万が一に備えて、自給自足の道を考えることも大切だ。現金に依存するのではなく、不動産、金、仮想通貨など、資産を多角的に蓄えて分散させておくことも、今の時代には重要な選択肢だと思う。

結局、すべては「自分はどう生きたいのか」という問いを立てることから始まる。

「才能がない」「何をしてもうまくいかない」「自信がない」と自分を否定するなら、夢はどんどん遠ざかっていく。人生は自ら切り拓いていく壮大な冒険だ。

僕も自らの頂きを目指し、楽しみながら一歩一歩進んで行きたいと思っている。

COLUMN 5

子どもたちに伝えたい森家の5カ条

1 挑戦

みんなが当たり前にやっているからといって、自分もやらなきゃいけないわけじゃない。自分の信念を頼りに、固定観念に縛られず、自分らしくやりたいことに挑戦し、心から納得できる人生を歩んでほしい。

2 言語

妻は4カ国語（ロシア語・英語・スペイン語・フランス語）を話せたことで、月給5万円の出稼ぎ労働者から抜け出せた。多くの言語を話せると、圧倒的にチャンスが広がり、目標の達成や夢の実現に役立つ。

3 健康

自分はかつて体調に悩んできたからこそ、子どもたちには体には気を使ってほしいと思う。良質な睡眠をとり、体に良い食材を選ぶことを意識しよう。ただ、何事もバランスが大切、たまにはハメを外しジャンクフードやポップジュースで息抜きも大事にね！

4 失敗

経験上、成功の裏には必ず失敗がある。成果が大きければ大きいほど、その前に大きな失敗があったはず。痛い目に合わずに、いい人生は歩めない。失敗を恐れず、どんどん挑戦してほしい。

5 シンプル

世の中は物や情報に溢れているけれど、それに流されず、自分らしい持ち物や考え方を大切にしてほしい。物が少ない方が、心も軽くなり、物事に集中し、自分にとって本当に大切なことにエネルギーを注げるようになる。

おわりに

2025年2月某日、長女ソフィアを日本の幼稚園に通わせるために、二人で愛知県の実家に帰省している。ここは僕が小学校から高校生時代を過ごした家だ。

この家では、冒頭で紹介したベトナム人の親友、グエンを家に招いて一緒にギターを弾いたり、映画を観たりして過ごした。そんなグエンが「ミスチルっていうバンド、最高にカッケー！」と教えてくれたことが、僕とMr.Childrenとの出会いだった。

1997年3月5日、少女が鮮やかなオレンジ色のひまわり畑に立つジャケットの「ボレロ」というCDの発売日に、近所のレコードショップへ自転車を飛ばして買いに行ったことを今でも鮮明に覚えている。ワクワクしながら帰宅し、CDプレイヤーで再生した瞬間、「何だこの心を打つ音楽は⁉」と衝撃を受けた。それ以降、僕の人生にはずっとミスチルの音楽が寄り添っている。

そして現在。夜10時半、ソフィアが隣の布団でスヤスヤと眠っている。僕は約30年前、グエンとギターを弾いたこの自分の部屋で目を開け暗い天井を眺めている。最近は忙しさに追われ、なかなか音楽を聴く余裕もなかったが、ふとグエンの顔が思い浮かび、無性にミスチルの『終わりなき旅』を再生した。

流れてきたメロディに乗せられた言葉が、まるで過去の僕が未来の僕に向けて贈ったメッセージのように響いた。

目の前にある困難を乗り越えることで見える景色があること。進み続けることで、新しい扉が開かれていくこと。たとえ苦しいときがあっても、それがすべてではなく、前に進むほどに自分の世界が広がっていくこと。

その歌は、まるで僕の人生そのものを描いているようだった。

あの日の自転車で駆け出した少年も、今ここで父親として新たな旅を続ける僕も、同じ心で「次の扉」をノックし続けている。

旅は地図の上だけで終わるものじゃない。心の中にこそ、終わりなき旅が続いているのだと気づかされた。

そして、この本をここまで読んでくれたあなたへ。あなたの旅も、きっとどこかで新しい扉と出会うはず。どうかその扉をノックする勇気を忘れないでほしい。不安や迷いがあっても、それは新たな旅のはじまりのサインかもしれない。

終わりなき旅は、いつでもあなたの中にあるのだから。

2025年2月吉日　森 翔吾

森 翔吾　MORI SHOGO
30歳目前でサラリーマン生活に終止符を打ち、“どこでも生きていける”ための個人事業をスタート。旅先で出会ったロシア人の妻と家庭をつくり、現在は世界を旅しながら2児を育てる暮らし。2020年1月に開設したYouTubeチャンネル【森翔吾】は登録者数19.6万人を突破（2025年2月時点）。
YouTube：@shogo51　Blog：https://www.sho51.com

すべては「旅《たび》」からはじまった
世《せ》界《かい》を回《まわ》って辿《たど》り着《つ》いた豊《ゆた》かなローコストライフ

2025年3月19日　初版発行

著者／森《もり》 翔吾《しょうご》

発行者／山下 直久

発行／株式会社KADOKAWA
〒102-8177　東京都千代田区富士見2-13-3
電話　0570-002-301（ナビダイヤル）

印刷所／TOPPANクロレ株式会社

製本所／TOPPANクロレ株式会社

本書の無断複製（コピー、スキャン、デジタル化等）並びに
無断複製物の譲渡および配信は、著作権法上での例外を除き禁じられています。
また、本書を代行業者等の第三者に依頼して複製する行為は、
たとえ個人や家庭内での利用であっても一切認められておりません。

●お問い合わせ
https://www.kadokawa.co.jp/（「お問い合わせ」へお進みください）
※内容によっては、お答えできない場合があります。
※サポートは日本国内のみとさせていただきます。
※Japanese text only

定価はカバーに表示してあります。

©SHOGO MORI 2025　Printed in Japan
ISBN 978-4-04-607304-4　C0095